Jean Bochart Champigny

Reflexions sur le gouvernement des femmes

Jean Bochart Champigny

Reflexions sur le gouvernement des femmes

ISBN/EAN: 9783337226718

Printed in Europe, USA, Canada, Australia, Japan

Cover: Foto ©Suzi / pixelio.de

More available books at **www.hansebooks.com**

REFLEXIONS

SUR LE

GOUVERNEMENT des FEMMES.

PAR

LE COLONEL CHEVALIER DE CHAMPIGNY.

Qu'avec un cœur fenfible on eft heureux de naître,
Quand ce qu'on doit aimer eft fi digne de l'être !

MARMONTEL, *dans Ariftomène.*

A LONDRES.

Aux dépens de l'Auteur.

1770.

A SA

MAJESTÉ

IMPÉRIALE

l'AUGUSTE SOUVERAINE

DE TOUTES LES

RUSSIES.

Madame,

LOrfqu'un auteur donne au public un Sy/-
tême nouveau, il faut, s'il veut le faire
goûter, qu'il l'appuïe de quelque autorité
refpeftable. Les exemples, fur-tout, font ce
qui frappe le plus. Ne fuis-je donc pas fûr
de faire lire avec empreffement mes Réflexions fur le Gouvernement des Femmes, *dès qu'on les verra paroître fous les*
aufpices de Vôtre Majeste' Impe'riale, *dont toutes les démarches, depuis fon*
avénement au Trône, rendent mon fyftême
inçonteftable ?

incontefable? Le beau sexe, auquel Vôtre
Majeste' Impe'riale *femble donner un
nouvel éclat, glorieux du lufre qu'il en tire,
fe déclarera pour moi : & les hommes, ces
êtres fuperbes, affez vains jufqu'ici pour fe
croire feuls dignes de régner, fe trouveront
forcés de convenir, en voïant l'ufage que
vous faites du fceptre, qu'il ne pouvoit être en
de meilleures mains.* L'Ottoman *lui-même,
malgré les principes erronés de fa Religion,
vous rendra jufice ;* & Vôtre Majeste'
Impe'riale, *en le chaffant de l'Europe,
lui fera fentir toute l'abfurdité de fes dogmes,
en reconnoiffant qu'il faut avoir une* Ame,
& *une Ame comme celle de* Catherine,
*pour concevoir & exécuter d'auffi grands
projets que les fiens.*

*Continuez donc, Grande Princeffe, à
faire triompher vos armes du Nord à l'O-
rient. Humiliez vos ennemis dans tous les
coins de l'hémifphére. Faites revivre l'ancienne* Bizance ; *& arborez fur fes murs la
double aigle à la place du croiffant.*

Suppofé

Suppofé qu'au milieu de ces momens con-
facrés à former les plans de vos Généraux,
ou à augmenter le bonheur de vos fujets, il
vous en refte un pour jetter un coup-d'œil
fur ma brochure, je fuis prefque certain que
VÔTRE MAJESTE' IMPE'RIALE *la re-*
cevra avec bonté, parce-qu'Elle connoît les
fentimens de mon cœur, dont j'efpére qu'Elle
ne dédaignera pas les hommages.

Je fuis avec reconnoiffance, refpeĉt, &
foumiffion,

MADAME,

De VÔTRE MAJESTE' IMPE'RIALE,

Le très-humble,
très-obéïffant, &
très-foumis ferviteur,
LE COLONEL CHEVALIER DE CHAMPIGNY.

Londres le
24 Avril 1770.

PRÉFACE.

NOUS adorons les femmes, & cependant nous cherchons à nous arroger sur elles une supério-rité que nous ne méritons guéres: J'ai voulu montrer nos torts. Il est peu d'auteurs qui aient un pareil but. Si celles à qui j'entreprends de rendre justice, trouvent que j'aie bien défendu leur cause, je me croirai plus que païé de mes peines: Ce n'est que leur approbation que je cherche.

REFLEX-

REFLEXIONS

SUR LE

Gouvernement des FEMMES.

QUOIQUE l'expérience femble nous forcer chaque jour de reconnoître tacitement la fupériorité des femmes fur nôtre fexe ; un orgueil mal-placé nous empêche cependant de l'avoüer : & la nation la plus galante de l'univers, *la nation Françoife*, a pouffé l'injuftice jufqu'à déclarer, par une loi auffi injufte que ridicule, ce fexe qu'elle adore incapable de porter le fceptre ; quoique, de-

A   puis

puis plufieurs régnes confécutifs les femmes aïent pour ainfi dire feules fait le bien ou le mal de ce puiffant roïaume.

Henri IV. malgré un foible déclaré pour ce fexe enchanteur, étoit trop grand pour s'en laiffer gouverner; &, quel qu'aît été l'empire de Gabrielle d'Eftrées fur le cœur de ce monarque, jamais elle n'eût la moindre influence fur les affaires d'état.   Louis XIII. fon fils étoit fi peu homme, qu'on ne doit pas lui tenir compte de n'avoir pas eu de maîtreffe qui le gouvernât.   Efclave de Richelieu, il l'eût fans-doute été de toute femme qui eût fçû lui plaire. Louïs le grand, fon fucceffeur, a terni une partie du luftre de fon régne par fes complaifances aveugles pour la Maintenon.   La France faigne encore des plaïes que lui a fait le bigotifme de cette femme totalement dévoüée aux Jéfuites.   La difgrace du maréchal d'Eftrées, trop altier pour plier devant

la

la marquife de Pompadour, coûte trop cher aux François pour qu'ils puiffent fi-tôt l'oublier. Parlez-leur, malgré cela, de l'Impératrice Reine, de la Sémiramis du Nord, de l'AUGUSTE CATHERINE, qui, par fa prudence & la juftefle de fes démarches, vient de faire échoüer leurs projets ambitieux ; ils vous répondront, avec l'affûrance qui caractérife cette nation auffi aimable que fuperficielle, que ce ne font que *des femmes.*

Mais, leur repliquerai-je, mes chers amis, ne font-ce pas ces mêmes femmes qui vous ménent depuis plus d'un fiécle ? N'eft-ce pas à une femme, de-manderai-je au Cardinal de . . . . . , que vous devez le chapeau ? Le maréchal de . . . . . me niera-t-il que c'eft en forme de *Caducée* qu'il a obtenu le bâ-ton ? Et jamais le marquis de . . . . . fe fût-il vû décoré du cordon bleu fans fa fœur ? Je ne prétends point ici parler de vingt miniftres, & d'autant de mili-

A 2   taires,

taires, qui n'euffent jamais fait fortune,
s'ils n'euffeut eu dans leur famille *un joli
minois* qui fe fût chargé de leur avance-
ment.

Ne pouvant donc nier leur influence
dans les affaires du gouvernement, pourquoi vouloir les exclurre d'y préfider
formellement ?

C'eft en réfléchiffant fur ce contrafte,
& en lifant d'un côté l'hiftoire de la
grande ELIZABETH d'Anglettere, & de
l'autre les fuccès brillans des Ruffes contre le Turc, qu'il m'eft venu dans l'idée
de faire quelques réflexions fur le gouvernement des femmes ; de prouver qu'il
y en a eu, & qu'il y en a, qui ont
ajoûté, '& prêtent même encore aujourdui du luftre au Diadème ; que fi on
leur donnoit la même éducation qu'aux
hommes, elles l'emporteroient d'autant
plus aifément fur nôtre fexe, qu'elles
ont l'efprit plus fin & plus délié ; qu'elles
portent

portent beaucoup plus loin les vertus ;
& que ce fexe a encore fur le nôtre
l'avantage de favoir plus aifément fe décider ; ce qui, en fait de politique, eft
de la derniére conféquence. Ajoûtez à
cela qu'aïant le coup-d'œil beaucoup
plus fûr, elles feroient moins embarraf-
fées fur le choix de leurs miniftres & de
leurs généraux, choix dont prefque toûjours dépend le bonheur d'un empire.

Je vais donc fouiller dans l'hiftoire
ancienne & moderne, & y puifer les fecours dont j'ai befoin pour appuïer mon
fyftème, qui fans-doute de lui-même feroit fortune, en citant pour feuls exemples les noms auguftes de THERESE &
de CATHERINE, deux princeffes qui
éclipfent les plus fameux monarques de
l'antiquité, & ne le cédent en rien à
ceux de nos jours. Le SALOMON DU
NORD s'eft fait gloire de rendre lui-
même hommage au mérite fupérieur de
ces deux Impératrices. Il a, pour ainfi
dire,

dire, vû naître la derniére fous fes yeux,
& en avoit comme prédit la grandeur fu-
ture, dans un temps où, malgré la profondeur de fes lumiéres, il ne pouvoit
prévoir qu'elle porteroit un jour fes
armes jufqu'au Bofphore pour y faire
trembler l'audacieux Mufulman.

Je commencerois fans-doute mes a-
necdotes par la reine de Séba, fi je ne
craignois qu'on ne m'objectât que perfonne n'en ignore l'hiftoire, parce-qu'on
la trouve dans les livres facrés.   Deforte-
que je paſſerai d'abord à SEMIRAMIS.

C'eſt fans-contredit le régne éclatant
de cette princeſſe qui a en partie engagé
Platon à foûtenir dans fes livres de la ré-
publique,   que les femmes, auſſi-bien-
que les hommes, doivent être admifes au
maniement des affaires publiques, à la
conduite des guerres, ainſi-qu'au gouvernement des états ; & que, par une
conféquence néceſſaire, comme je l'ai
dit

dit plus haut, on doit les appliquer aux mêmes exetcices dont on fait ufage par-rapport aux hommes, pour leur former le corps & l'efprit. Mais entrons en matiéres.

NINUS étant mort, peu de temps après la naiffance de fon fils *Ninias,* laiffa le gouvernement du Roïaume à *Sé-miramis.* Le prémier foin de cette princeffe fût d'élever un fuperbe tom-beau aux cendres de fon mari. Ce mo-nument fubfifta encore long-temps après la ruine de Ninive.

Sémiramis ne fongeoit qu'à immorta-lifer fon nom par la grandeur de fes en-treprifes. Elle fe propofa de furpaffer en magnificence fes prédéceffeurs, & bâ-tit Babylone, aïant emploïé à la con-ftruction de cette ville deux millions d'hommes qu'elle ramaffa de toutes les parties de fon vafte empire, que fes fuc-ceffeurs s'appliquérent à embellir. Je n'en n'en donnerai pas les particularités, parce-qu'on peut les trouver dans l'hiftoire ancienne de Rollin, ne voulant ici que craïonner un abrégé fuccinct des actions les plus mémorables de cette grande princeffe.

Dès-qu'elle eût achevé ces grands ouvrages, elle crût devoir parcourir toutes les parties de fon empire, & elle laiffa par-tout des marques de fa magnificence par de fuperbes bâtimens qu'elle conftruifit, foit pour la commodité, foit pour l'ornement des villes, s'appliquant fur-tout à faire conduire de l'eau par des acquéducs dans les lieux qui en manquoient, & à rendre aifées les grandes routes, en perçant des montagnes, & comblant des vallées.

Sémiramis avoit une fi grande autorité fur fes peuples, que fa préfence feule étoit capable d'arrêter une fédition. Un jour qu'elle étoit à fa toilette, on vint lui

lui annoncer qu'il y avoit du tumulte dans la ville. Elle partit fur-le-champ, la tête à-demi coëffée, & ne revint qu'après que le trouble fût appaifé. En conféquence, on lui érigea une ftatuë où elle paroiffoit dans cette même attitude, & ce négligé charmant qui ne l'avoit pas empêché de voler à fon devoir.

Peu fatisfaite de la vafte étenduë d'états que lui avoit laiffé fon mari, elle fit la conquête d'une grande partie de l'Ethiopie. Pendant fon féjour dans ce païs, elle eût la curiofité de vifiter le temple de Jupiter Ammon, pour apprendre de l'Oracle le terme de fes jours. Il lui fût répondu, fi l'on en croit Diodore, que fa vie dépendoit des embuches que lui drefferoit fon fils *Ninias*; & qu'après fa mort une partie de l'Afie lui rendroit des honneurs divins.

Sa grande & dernière éxpédition fût contre les Indes. Elle raffembla, dans

B   cette

cette vûë, des troupes innombrables de
toutes les provinces de fon empire. Le
rendez-vous fût à Baĉtre. Comme la
force des Indiens confiftoit principale-
ment dans le grand nombre de leurs éléphans, elle fit accomoder des chameaux
en forme d'éléphans, dans l'efpérance de
tromper ainfi les ennemis. L'hiftoire
nous apprend que Perfée fe fervit long-
temps après du même ftratagéme vis-à-
vis des Romains. Mais cet artifice ne
leur réüffit ni à l'un ni à l'autre. Le roi
des Indes, inftruit de fon approche, lui
envoïa des ambaffadeurs pour lui demander qui elle étoit ; & de quel droit,
fans avoir reçû de lui aucune injure, elle
venoit de gaïeté de cœur attaquer fes
états ; ajoûtant que fon audace feroit
bientôt punie comme elle le méritoit.
Dites à vôtre maître, leur répondit *Sémiramis, que dans peu je lui ferai favoir
moi-même qui je fuis.*

Sur

Sur ce elle s'avança vers l'Inde, fleuve qui donne fon nom au païs. Elle avoit eu foin de faire préparer un grand nombre de barques : le paffage lui en fût long-temps difputé : mais, après un long combat, elle mit les ennemis en fuite. Plus de mille barques de leur côté furent coulées à fond ; & elle fit fur eux au-delà de cent-mille prifonniers. Animée par des fuccès auffi heureux, elle avança auffi-tôt dans le païs, aïant laiffé foixante-mille hommes pour garder le pont de bateaux qu'elle avoit fait conftruire. C'étoit ce que demandoit le roi qui avoit exprès pris la fuite, pour lui donner lieu de s'engager dans l'intérieur du païs. Quand il l'y crût affez avancée, il fit volte-face ; ce qui occafionna un fecond combat beaucoup plus fanglant que le prémier. Les faux éléphans ne foûtinrent pas long-temps le choc des véritables. Ceux-ci mirent l'armée en

déroute

déroute écrafant tout ce qu'ils rencon-
troient. *Sémiramis* fit ce qu'elle pût
pour rallier & ranimer fes troupes, mais
inutilement. Le roi la voïant dans la
mêlée, s'avança contre elle, & la bleffa
en deux endroits, mais fans que fes
plaïes fuffent mortelles. La viteffe de
fon cheval la déroba à la pourfuite des
ennemis. Comme on couroit en foule
vers le pont, pour repaffer le fleuve, le
défordre & la confufion inévitables dans
de pareilles conjonctures, y firent périr
un grand nombre de troupes. Dès-
qu'elle eût mis en fûreté celles qui
avoient pû fe fauver, elle fit rompre
le pont, & par-là arrêta les ennemis, à
qui le roi, pour obéïr à un Oracle, avoit
défendu de pourfuivre plus loin *Sémiramis*, & de paffer le fleuve.

Cette princeffe aïant fait à Bactre
l'échange des prifonniers, retourna dans
fes états, y ramenant à-peine le tiers de
fon

fon armée. Elle eft la feule, & *Alexan-*
dre après elle, qui aît ofé porter la guerre
au-delà du fleuve de l'Inde.

En comparant l'ambition de *Sémi-*
ramis avec celle du roi de Pruffe, nous
ne pouvons donner au dernier (tout
grand qu'il eft) l'avantage fur cette
princeffe, dont la retraite fût auffi bien
concertée, & ménagée avec autant de
prudence, que l'auroit pû être celle du
prémier Capitaine de nos jours.

De retour dans fes états, *Sémiramis*
découvrit que fon fils lui dreffoit des embuches, & qu'un de fes principaux officiers s'étoit offert à lui prêter fon mi-
niftère. Elle fe reffouvint alors de
l'Oracle de Jupiter Ammon ; &, avertie
que la fin de fa courfe approchoit, fans
faire fubir le moindre châtiment à ce
même officier, qu'elle avoit arrêté, elle
abdiqua volontairement l'empire entre
les

les mains de *Ninias*, & se déroba à la vûë des hommes, dans l'espérance de jouïr bientôt de ces honneurs divins que l'Oracle lui avoit promis. On dit, en effet, qu'elle fût honorée par les Assyriens comme une Divinité sous la forme d'une Colombe.

Elle avoit vécû soixante-deux ans, dont elle avoit régné quarante-deux.— On a voulu ternir l'éclat des hauts faits de cette princesse, en l'accusant d'avoir ôté la vie à son mari, & d'une passion incestueuse pour son fils. Mais cela est si destitué de vraisemblance, que je croirois perdre le temps de vouloir le refuter ; d'autant-plus qu'il n'est pas possible de croire qu'une princesse doüée de si hautes qualités se fût portée à de pareils attentats, & qu'il est fort rare de trouver tant de grandeur dans une ame noire. Je n'en dirai donc pas davantage

sur

fur le chapitre de *Sémiramis* & pafferai à
Cléopatre.

———————

SI une Politique confommée, & beau‑
coup de diffimulation, fuffifent pour
donner de l'éclat au trône, perfonne ne
l'eût fans‑doute rempli plus dignement
que cette princeffe. On trouve en elle,
depuis le commencement de fon régne
jufqu'à l'époque de fa mort, un mélange
de coquetterie, de fermeté, & de four‑
berie, malgré lequel cependant on ne
laiffe pas de découvrir un certain fond de
grandeur qu'on ne peut s'empêcher
d'admirer. Jamais femme ne connut
mieux le prix de fes charmes, & jamais
femme ne fçût mieux les faire valoir.

Jules Céfar, après la guerre l'Alexan‑
drie, avoit remis *Cléopatre* deffus le
trône ;

trône ; &, pour la forme feulement, lui
avoit affocié fon frére, qui n'avoit alors
qu'onze ans. Pendant fa minorité, elle
avoit eu toute l'autorité entre fes mains.
Quand il eût atteint l'âge de quinze ans,
qui eft le temps où, felon les loix du païs,
il devoit gouverner par lui-même, &
prendre fa part de l'autorité roïale, elle
l'empoifonna, & demeura feule Reine
d'Egypte.

Dans cet intervalle, *Céfar* avoit été
tué à Rome par les conjurés, à la tête
defquels étoient *Brutus* & *Caffius :* puis
fe forma le Triumvirat entre *Antoine,*
Lépide, & *Céfar Octavien,* pour venger
la mort de *Céfar.*

Cléopatre fe déclara fans héfiter pour
les Triumvirs. Elle donna à *Allienus,*
lieutenant du Conful *Dolabella,* quatre
légions, qui étoient le refte des armées
de *Pompée* & de *Craffus,* & qui faifoient
                                    partie

partie des troupes que *Céfar* lui avoit laiffées pour la garde de l'Egypte. Elle avoit aufli une flotte toute prête à faire voile : mais une tempête l'empêcha de partir. *Caffius* fe rendit maître de ces quatre légions. *Cléopatre* follicitée plufieurs fois par *Caffius* de lui donner du fecours, le refufa conftamment. Elle partit, quelque temps après, avec une flotte nombreufe pour aller fecourir *Antoine* & *Octavien*. Une rude tempête lui fit périr beaucoup de vaiffeaux ; & une maladie qui lui furvint l'obligea de retourner en Egypte.

Antoine, après la défaite de *Caffius* & de *Brutus,* à la bataille de Philippes, étant paffé en Afie, pour y établir l'autorité du Triumvirat, une foule Rois & de Princes d'Orient, ou d'Ambaffadeurs, venoient de toutes parts lui faire la cour. On lui dit que les Gouverneurs de la Phénicie, qui étoient du reffort du Roï-

C   aume

aume d'Egypte, avoient envoïé du fecours
à *Caffius* contre *Dolabella*.   Il cita *Cléopatre* devant lui pour répondre du fait de
fes gouverneurs, & lui envoïa un de fes
lieutenans, pour l'obliger à venir le
trouver dans la Cilicie, où il alloit tenir
les états de la Province.

Cette démarche, par fes fuites, devint
extrêmement funefte à *Antoine*, & mit le
comble à fes maux.   Son amour pour
Cléopatre aïant réveillé en lui des paffions
encore cachées ou endormies, les alluma
jufqu'à la fureur, & acheva d'éteindre ou
d'amortir quelques étincelles d'honnêteté
& de vertu qui pouvoient lui refter.

Cléopatre, fûre de fes charmes par l'é-
preuve qu'elle en avoit déja fi heureufement faite auprès de *Jules Céfar*, efpéra
qu'elle pourroit auffi captiver *Antoine*
avec la même facilité ; d'autant-plus
que le prémier ne l'avoit connuë que
fort

fort jeune encore, & lorſqu'elle n'avoit aucune expérience du monde ; au-lieu-qu'elle alloit paroître devant *Antoine* dans un âge où les femmes joignent à la fleur de leur beauté toute la force de l'eſprit pour manier & conduire les plus grandes affaires. *Cléopatre* avoit alors vingt-cinq ans. Elle fit proviſion de riches préſens, de groſſes ſommes d'argent, & ſur-tout d'habits & d'ornemens magnifiques ; & plaçant encore plus ſes eſpérances dans ſes propres attraits, & dans les graces de ſa perſonne, comme plus touchantes que l'or & les parures, elle ſe mit en chemin.

Sur ſa route elle reçût pluſieurs lettres d'*Antoine* & de ſes amis, qui étoient à Tarſe, la preſſant de hâter ſon voïage. Mais elle ne fit que rire de tous ces empreſſemens, & n'en fit pas plus grande diligence. Après avoir traverſé la mer de Pamphylie, elle entra dans le Cydnus ; &, remontant ce fleuve, vint aborder à Tarſe. On ne vit jamais d'équipage

plus

plus galant ni plus fuperbe que le fien:
La poupe de fon vaiffeau étoit toute écla-
tante d'or, les voiles de pourpre, & les
rames garnies d'argent. Un pavillon
d'un tiffu d'or étoit dreffé fur le tillac,
fous lequel paroiffoit cette Reine, habil-
lée en Vénus, & environnée des plus
belles filles de fa cour, dont les unes repréfentoient les Néréïdes, & les autres
les Graces. Au lieu de trompettes, on
entendoit les fluttes, les haut-bois, les
violes, & d'autres inftrumens fembla-
bles, qui joüoient des airs paffionnez, &
la cadence des avirons, qui étoient ma-
niés en mefure, rendoit cette harmonie
encore plus agréable. On brûloit fur le
tillac des parfums, qui répandoient leur
odeur bien loin fur les eaux du fleuve, &
fur fes rives couvertes d'une infinité de
perfonnes que la nouveauté de ce fpectacle avoit attirées. Dès qu'on fçût
qu'elle arrivoit, tout le peuple de Tarfe
fortit au devant d'elle, au point qu'-
Antoine, qui donnoit alors audience, vit
fon

fon tribunal abandonné de tout le monde, fans qu'il reftât perfonne auprès de
lui que fes licteurs & fes domeftiques. Il
fe répandit un bruit que c'étoit Vénus
qui venoit en mafque chez Bacchus,
pour le bien de l'Afie,

Elle ne fût pas plûtôt defcenduë à
terre, qu'*Antoine* l'envoïa complimenter,
& la faire inviter à fouper : mais elle fit
réponfe à fes députés qu'elle fouhaitoit
de le regaler lui-même, & qu'elle l'attendoit dans les tentes qu'elle faifoit préparer fur les bords du fleuve. Il ne fit
pas difficulté d'y aller, & il trouva des
préparatifs d'une magnificence qu'on ne
peut exprimer. Il admira fur-tout la
beauté des luftres, qu'on avoit arrangés
avec beaucoup d'art, & dont l'illumina-
tion faifoit un jour agréable au milieu de
la nuit,

Antoine l'invita à fon tour pour le
lendemain. Quelques efforts qu'il eût
fait

fait pour l'emporter fur elle, il fe con-
feffa vaincû foit pour la fomptuofité, foit
pour l'ordonnance du repas ; & il fût le
prémier a railler fur la mefquinerie & la
groffiéreté du fien, en comparaifon de la
richeffe & de l'élégance de celui de *Cléopatre.* La Reine, de fon côté, voïant
que les plaifanteries d'*Antoine* n'avoient
rien que de groffier, & fentoient plus
l'homme de guerre que l'homme de cour,
le païe en pareille monnoïe, fans l'é-
pargner, mais avec tant d'efprit & d'a-
grément, qu'il ne s'en offenfoit point.
Car les graces & les charmes de la converfation, accompagnés de toute la douceur & de tout l'enjoüement poffibles,
avoient un attrait dont on pouvoit encore
moins fe défendre que de celui de fa
beauté, & laiffoient dans l'efprit & dans
le cœur un aiguillon qui piquoit jufqu'au
vif. On étoit d'ailleurs charmé de l'entendre feulement parler, tant il y avoit
de douceur & d'harmonie dans le fon de
fa voix.

Il

Il ne fût prefque point mention des griefs formés contre *Cléopatre*, qui, d'ailleurs, étoient fans fondement. Elle faifit tellement *Antoine* par fes charmes, & fe rendit fi abfolûment maîtreffe de fon efprit, qu'il ne lui pouvoit rien refufer. Ce fût pour lors qu'à fa priére il fit mourir Arfinoé fa fœur qui s'étoit refugiée à Milet dans le temple de Diane, comme dans une azyle affûré.

C'étoient tous les jours de nouvelles fêtes. Un nouveau repas enchériffoit toûjours fur le précédent, & il femble qu'elle s'étudioit à fe furpaffer elle-même. *Antoine,* dans un feftin qu'elle lui donnoit, étoit hors de lui-même à la vûë des richeffes étalées des toutes parts, & furtout du grand nombre de coupes d'or, enrichies de pierreries, & travaillées par les plus habiles ouvriers. Elle lui dit d'un air dédaigneux que tout cela étoit peu de chofe, & lui en fit préfent. Le repas du lendemain fût encore plus fuperbe. *Antoine,* à fon ordinaire, y avoit

amené

amené avec lui bon nombre de convives,
tous officiers de marque & de diftinction.
Elle leur donna tous les vafés & toute la
vaiffelle d'or & d'argent dont le buffet
étoit chargé.

Ce fût fans-doute dans un de ces
feftins qu'arriva ce que Pline, & après
lui Macrobe raccontent. *Cléopatre* plai-
fantoit, felon fa coûtume, fur les repas
d'*Antoine*, comme étant fort modiques &
fort mal entendus. Piqué de la raillerie,
il lui demanda d'un ton un peu échauffé
ce qu'elle croïoit donc qu'on pût ajoûter
à la magnificence de fa table ? *Cléopatre*
lui répondit froidemeut qu'en un feul
fouper elle dépenferoit un million. Il
prétendit que c'étoit pure vanterie, que
la chofe étoit impoffible, & qu'elle n'en
viendroit jamais à bout. On fit un pari,
& *Plancus* fût pris pour arbitre. Le
lendemain on fe rendit au repas. Il
étoit magnifique, mais n'avoit rien de fi
fort extraordinaire. *Antoine* fupputoit

la

la dépenfe ; demandoit à la Dame à
quel prix chaque chofe pouvoit monter ;
& d'un air railleur, comme fe tenant fûr de
la victoire, difoit qu'on étoit encore bien
éloigné d'un million. Attendez, dit la
Reine ; ce n'eft ici qu'un commencement ; & je me fais fort de dépenfer moi
feule le million. On apporte une feconde table, & felon l'ordre qu'elle en
avoit donné, on ne fervit deffus qu'un
feul vafe plein de vinaigre. *Antoine*, furpris d'un appareil fi nouveau, ne pouvoit
deviner où tout cela tendoit. *Cléopatre*
avoit à fes oreilles deux perles, les plus
belles qu'on eût jamais vûës, & dont
chacune étoit eftimée plus d'un million.
Elle en tire une, la jette dans le vinaigre,
&, après l'avoir fait fondre, l'avalle.
Elle fe préparoit à en faire autant de
l'autre. *Plancus* l'arrêta, &, lui donnant
gain de caufe, déclara *Antoine* vaincu.
Plancus eût grand tort d'envier à la Reine
la gloire finguliére & unique d'avoir en
deux coups dévoré deux millions.

Cette

Cette Princeffe, au milieu des paffions les plus violentes, & de l'ennivrement des plaifirs, confervoit toûjours du goût pour les Belles-lettres & pour les fciences. A la place de la fameufe Bibliothéque d'Alexandrie, qui avoit été brûlée quelques années auparavant, elle en rétablit une nouvelle, à l'augmentation de laquelle *Antoine* contribua beaucoup, lui aïant fait préfent des Bibliothéques qui étoient à Pergame, où il fe trouva plus de deux-cents-mille volumes. Elle n'amaffoit pas des livres fimplement pour la parade : elle en faifoit ufage. Il y avoit peu de nations barbares à qui elle parlât par truchement: elle répondoit à la plûpart dans leur propre langue, aux Ethiopiens, aux Troglodytes, aux Hébreux, aux Arabes, aux Syriens, aux Mèdes, & aux Parthes. Elle favoit encore plufieurs autres langues, au-lieu-que les Rois qui avoient régné avant elle en Egypte avoient à-peine pû apprendre l'Egyptien, & quelques uns d'entr'eux

avoient

avoient même oublié le Macédonien qui
étoit leur langue naturelle.

Je ne m'étendrai ni fur fes jaloufies
vis-à-vis d'*Octavie*, qu'elle regardoit
comme fa rivale, prétendant être femme
légitime d'*Antoine* ; ni fur tout ce qui fe
paffa depuis les commencemens de fa
connoiffance avec ce Romain, jufqu'à
l'événement qui en précipita la fin.

L'iffuë de la bataille d'Actium, qui fe
donna le deux Septembre, à l'embouchure
du golfe d'Ambracie, décida du deftin
de *Céfar* & d'*Antoine* qui n'avoit fuivi de
confeils que ceux de fa maîtreffe. Celle-
ci effraïée du bruit du combat, où tout
étoit terrible pour une femme, prit la fuite
lorfqu'il n'y avoit aucun danger pour elle
& entraina evec elle toute fon efcadre
Egyptienne, qui étoit de foixante vaiffeaux de ligne avec lefquels elle fit voile
vers le Péloponefe. *Antoine*, qui la vit
fuïr, oubliant tout, & s'oubliant lui-

D 2   même,

même, la fuivit précipitamment, & céda à
Céfar une victoire qu'il lui avoit très-bien
difputée jufques-là. Elle coûta pourtant encore cher au vainqueur ; car les
vaiffeaux d'*Antoine* fe battirent fi bien
après fon départ, que quoique le combat
eût commencé vers le milieu du jour, il
ne finit qu'à la nuit ; deforte-que les
troupes de *Céfar* fûrent obligées de la
paffer fur leurs vaiffeaux.

Le lendemain, *Céfar* voïant fa victoire
complette, détacha une efcadre pour pourfuivre *Antoine* & *Cléopatre*. Mais cette
efcadre défefpérant de les atteindre à
caufe de l'avance qu'ils avoient, revint
bientôt rejoindre le gros de la flotte.
Antoine, étant entré dans le vaiffeau amiral que montoit *Cléopatre*, alla s'affeoir à
la prouë, où, la tête appuïée fur les deux
mains, & les deux coudes fur les genoux,
il demeura comme un homme accablé de
honte & de rage, repaffant dans une profonde mélançolie fa mauvaife conduite,

&

& les malheurs qu'elle lui avoit attirés. Il fe tint dans cette pofture, & dans ces noires idées, pendant les trois jours qu'ils demeurérent à fe rendre à Ténare, fans voir *Cléopatre*, ni lui parler. Au bout de ce temps ils fe revirent, & vécûrent en- femble à l'ordinaire. Il reftoit encore à *Antoine* fon armée de terre, compofée de dix-huit légions & de vingt-deux-mille chevaux, fous la conduite de *Canicius* fon lieutenant. Cette armée eût pû faire tête à *Céfar* & lui donner bien de la be- fogne. Mais, fe voïant abandonnée par fes généraux, elle fe rendit à *Céfar*, qui la reçût à bras ouverts.

Forcé par la trahifon de *Scarpus*, qui avoit auffi rendu à *Céfar* fon armée de Lybie, *Antoine* n'eût d'autre parti à prendre que de fuivre *Cléopatre* dans Alexandrie. Cette Princeffe, craignant qu'on ne lui en refufât l'entrée, fi l'on aprenoit fon malheur, fit couronner fes vaiffeaux, comme fi elle fût revenuë vic- torieufe,

torieufe. A-peine fût-elle dans la ville,
qu'elle fit mourir tous les grands feigneurs de fon Roïaume, dont elle craig-
noit une révolte. *Antoine* la trouva occupée de cette fanglante exécution.

Elle paffa de-là à un projet fort extraordinaire. Ce fût, crainte de tomber.
entre les mains dè *Céfar*, de faire tranf-
porter fes vaiffeaux de la Méditerannée
dans la Mer rouge, par l'Ifthme qui n'a
que trente lieuës de largeur ; & de mettre
enfuite tous fes tréfors dans ces vaiffeaux,
& dans les autres qu'elle avoit déjà fur.
cette Mer. Mais les Arabes, qui demeu-
roient fur cette côte aïant brûlé tous les
vaiffeaux qu'elle y avoit, elle fût obligée
d'abandonner ce deffein.

Changeant donc de réfolution, elle ne
fongea plus qu'à gagner *Céfar*, & à lui
facrifier *Antoine* que fes malheurs lui
avoient rendu indifférent. Tel étoit l'efprit de cette Princeffe. Quoiqu'elle
aimât

aimât jufqu'à la fureur, elle avoit encore
plus d'ambition que d'amour ; & la couronne lui étoit plus chére que fon mari :
auſſi fongeoit-elle à la conferver au prix
la vie d'*Antoine*. Mais, lui cachant fes
fentimens, elle lui perfuada d'envoïer des
ambaffadeurs à *Céfar*, pour négocier avec
lui un traîté de paix. Elle y joignit les
fiens : mais elle leur ordonna de traîter
pour elle en fecret.

Céfar ne voulut point voir les Ambaffadeurs d'*Antoine*, & renvoïa ceux de *Cléopatre* avec une réponfe favorable. Il
fouhaitoit paffionnément s'affûrer de fa
perfonne & de fes tréfors : de fa perfonne,
pour en honorer fon triomphe : de fes
tréfors pour fe mettre en état de païer
les dettes qu'il avoit contractées pour
cette guerre. Auffi lui laiffa-t-il entre-
voir de grandes efpérances, fi elle vouloit
lui facrifier *Antoine*.

Celui-ci

Celui-ci s'étoit retiré dans une maifon
champêtre qu'il avoit exprès fait bâtir
fur les bords du Nil. Mais l'amour ne
lui permit pas d'y refter long-temps tranquile. Il retourna à Alexandrie pour
voir fa *Cléopatre* fans laquelle il ne pouvoit vivre. Il eût, pour lui plaire, la
foibleffe d'envoïer de nouveaux députés
à *Céfar*, pour lui demander la vie, même
fous la condition honteufe de la paffer à
Athènes comme un fimple particulier,
pourvû-que le vainqueur affûrât le Roïaume d'Egypte à *Cléopatre* & à fes enfans.

Cette feconde députation n'aïant pas
mieux réüffi que la prémiére, *Antoine* ne
fongea plus qu'à noïer fon chagrin dans
les plaifirs & la bonne chére. Ils fe re-
galoient tour-à-tour *Cléopatre* & lui, &,
à l'envi l'un de l'autre, fe donnoient tous
les jours des repas magnifiques.

La

La Reine cependant, qui prévoïoit ce
qui pouvoit arriver, ramaſſoit toutes ſortes
de poiſons ; &, pour éprouver ceux qui
faiſoient mourir avec le moins de douleur,
elle faiſoit l'eſſai de leur vertu & de leur
force ſur les Criminels condamnés à
mort, qui étoient gardés dans les priſons.
Aiant vû par ces expériences que les poiſons qui étoient forts faiſoient mourir
promptement, mais dans de grandes dou-
leurs, & que ceux que étoient doux cau-
ſoient une mort tanquile mais lente, elle
eſſaïa des morſures de bêtes venimeuſes,
& fit appliquer en ſa préſence ſur diverſes
perſonnes différentes ſortes de ſerpens.
Chaque jour elle faiſoit une nouvelle
épreuve. Enfin elle trouva que l'aſpic
étoit le ſeul qui ne cauſoit ni convulſions
ni tranchées, & qui, précipitant ſeule-
ment dans une peſanteur & dans une aſ-
ſoupiſſement accompanagnés d'une petite
noirceur au viſage, & d'un amortiſſement
de tous les ſens éteignoit doucement la
vie. Deſorte-que tous ceux qui étoient en
cet état ſe fâchoient quand on les ré-

E   veilloit

veilloit óu qu'on vouloit les lever, de-
même que ceux qui font profondément
endormis. Ce fût-là le poifon auquel
elle fe fixa.

Enfin la derniére trahifon de *Cléopatre*,
(dont, par fes ordres, l'amiral avoit baiffé
pavillon devant la flotte de *Céfar*, au-
lieu-de l'attaquer,) aïant ouvert les yeux
à *Antoiñe* ; il commença, mais trop tard,
à ajoûter foi à ce que fes amis lui avoient
dit des perfidies de la Reine. Dans cette
extrêmité, il voulut fe fignaler par un
acte extraordinaire de courage, capable,
felon lui, de lui faire beaucoup d'honneur.
Il envoïa défier *Céfar* à un combat fingulier. *Céfar* fit réponfe que fi *Antoine*
étoit las de vivre, il avoit d'autres moïens
pour mourir. *Antoine* fe voïant donc
mocqué par *Céfar*, & trahi par *Cléopatre*,
rentra dans la ville, & fe vit dans le moment même abandonné de toute fa cavallerie. Alors, plein de rage & de
défefpoir, il courut au Palais dans le
deffein

deſſein de ſe venger de *Cléopatre* : mais il
ne la trouva point.

Cette artificieuſe Princeſſe, qui avoit
prévû ce qui arriva, voulant ſe dérober à
la colére d'*Antoine*, s'étoit retirée dans
le quartier des tombeaux des Rois d'E-
gypte, qui étoit fortifié de bonnes mu-
railles, & dont elle avoit fait fermer les
portes. Elle fit dire à *Antoine*, que pré-
férant une mort honorable à une hon-
teuſe captivité, elle s'étoit donnée la
mort au milieu des tombeaux de ſes ancêtres où elle avoit auſſi choiſi ſa ſépul-
ture. *Antoine*, trop crédule, ne ſe donna
pas le loiſir d'examiner une nouvelle qui
devoit lui être ſuſpeéte après toutes les
infidélités de *Cléopatre* : &, frappé de
l'idée de ſa mort, il paſſa tout-d'un-coup
de l'excès de la colére dans les plus vifs
tranſports de douleur, & ne penſa plus
qu'à la ſuivre dans le tombeau.

Aïant pris cette funeſte réſolution, il
s'enferma dans ſa chambre avec un eſ-
clave, & s'étant fait ôter ſa cuiraſſe il

lui

lui commanda de lui enfoncer le poignard dans le fein : mais cet efclave, plein
de fidélité, d'affection & de refpect pour
fon maître, s'en perça lui-même, &
tomba mort à fes pieds. *Antoine* regardant cette action comme un exemple
qu'il devoit fuivre, s'enfonça fon épée
dans le corps, & tomba fur le plancher
dans un ruiffeau de fon fang, qu'il mêla
avec celui de fon efclave.

Il arriva dans ce moment un officier
des gardes de la Reine, qui vint dire
qu'elle étoit vivante. Il n'entendit pas
plûtôt prononcer le nom de *Cléopatre*,
qu'il revint de fon évanouïffement : &,
apprenant qu'elle vivoit encore, il fouffrit
qu'on pançât fa bleffure ; & fe fit enfuite
porter à la forterefle où elle s'étoit enfermée. *Cléopatre* ne permit point qu'on
ouvrît les portes pour le faire entrer,
dans la crainte de quelque furprife :
mais elle parût à une fenêtre haute &
jetta en bas des chaines & des cordes.
On y attacha *Antoine* ; & *Cléopatre*, aidée
de

de deux femmes, qui étoient les feules
qu'elle eût menées avec elle dans ce
tombeau, le tira à elle. Jamais fpectacle
ne fût plus touchant. *Antoine,* tout
couvert de fang, & la mort peinte fur le
vifage, étoit guindé en haut, tournant
fes yeux mourans vers *Cléopatre,* & lui
tendans fes foibles mains, comme pour
la conjurer de recevoir fes derniers foupirs : & *Cléopatre,* le vifage tendu, & les
bras roidis, tiroit les cordes avec un
grand effort, pendant que ceux d'en-bas,
qui ne pouvoient l'aider autrement, l'en-
courageoient par leurs cris.

Quand elle l'eût tiré à elle, & qu'elle
l'eût couché, elle déchira fes habits fur
lui, fe frappant le fein, fe meurtriffant la
poitrine ; &, lui effuïant le fang, avec
fon vifage collé fur le fien, elle l'apelloit
fon Prince, fon feigneur, fon cher époux.
En faifant ces triftes exclamations, elle
coupoit les cheveux d'*Antoine,* fuivant la
fuperftition des Païens, qui croïoient par
là

là soulager ceux qui mouroient d'une
mort violente.

Antoine, aïant repris ses sens, & voïant
l'affliction de *Cléopatre,* lui dit pour la
consoler, qu'il mouroit heureux puisqu'il
mouroit entre ses bras ; &, qu'au-reste,
il ne rougissoit point de sa défaite, n'é-
tant point honteux à un Romain d'être
vaincû par des Romains. Il l'exhorta
ensuite à sauver sa vie & son Roïaume,
pourvû-qu'elle le pût faire avec honneur,
& à se donner de garde des traîtres de sa
cour, aussi-bien que des Romains de la
suite de *César,* ne se fiant qu'à *Proculeius.*
Il expira en achevant ces paroles.

Dans le moment même *Proculeius*
arriva de la part de *César,* qui n'avoit pû
retenir ses larmes au triste récit qu'on lui
avoit fait de tout ce qui s'étoit passé, & à
la vûë de l'épée teinte du sang d'*Antoine,*
qu'on lui présenta. Il avoit ordre sur-
tout de se rendre maître de *Cléopatre,* &
de

la prendre en vie s'il étoit poffible. La Princeffe refufa de fe remettre entre fes mains. Elle eût pourtant avec lui une converfation, fans qu'il entrât dans le tombeau : il s'approcha feulement de la porte, qui étoit bien fermée, & qui par des fentes donnoit paffage à la voix. Ils parlérent affez long-temps enfemble ; elle demandant toûjours le Roïaume pour fes enfans, & lui l'exhortant à bien efpérer, & la preffant de remettre entre les mains de *Céfar* tous fes intérêts.

Après qu'il eût bien obfervé le lieu, il alla faire fon rapport à *Céfar*, qui, fur l'heure, envoïa *Gallus* pour lui parler encore. *Gallus* s'approcha de la porte, comme avoit fait *Proculeius*, & parla comme lui au travers des fentes, faifant exprès durer la converfation. Pendant ce temps-là *Proculeius* approcha une échelle de la muraille, entra par la même fenêtre par où ces femmes avoient tiré *Antoine* ; &, fuivi de deux officiers qui

étoient

étoient avec lui, il defcendit à la porte
où *Cléopatre* étoit à parler avec *Gallus.*
Une des deux femmes qui étoient en-
fermées avec elle, le voïant, s'écria toute
éperduë, *Malheureufe Cléopatre vous voilà
prife !* *Cléopatre* tourne la tête, voit *Proculeius,* & veut fe percer d'un poignard
qu'elle portoit toûjours à fa ceinture.
Mais *Proculeius,* courant à elle très-
promptement, & la prenant entre fes
bras ; *Vous-vous faites tort,* lui dit-il,
& vous faites tort auffi à Céfar, *en lui
ôtant une fi belle occafion de montrer fa
bonté & fa clémence.* En même temps il lui
arrache fon poignard, & fecouë fes robes,
de peur qu'il n'y eût du poifon caché.

Céfar envoïa un de fes affranchis,
nommé *Epaphrodite,* auquel il commanda de la garder très-foigneufement,
pour empêcher qu'elle n'attentât fur elle-
même ; & d'avoir d'ailleurs pour elle
tous les égards & toutes les complaifances
qu'elle pourroit defirer ; & il chargea
                                    Proculeius

Proculeius de favoir de la Reine ce qu'elle defiroit de lui.

Céfar fe prépara enfuite à entrer dans Alexandrie, dont perfonne n'étoit plus en état de lui difputer la conquête. Il en trouva les portes ouvertes, & tous les habitans dans une extrême confterna-tion, ne fachant ce qu'ils avoient à craindre ou à efpérer. Il entra dans la ville en s'entretenant avec le Philofophe *Aréus*, & s'appuïant fur lui avec une forte de familiarité, pour faire connoître pu-bliquement le cas qu'il en faifoit. Etant monté au palais, il s'affit fur un tribunal qu'il fit élever ; &, voïant tout le peuple profterné à terre, il leur commanda de fe lever. Puis il leur dit qu'il leur par-donnoit pour trois raifons : la prémiére à caufe d'Alexandre le grand leur fonda-teur : la feconde à caufe de la beauté de leur ville : & la troifiéme à caufe d'*Aréus*, un de leurs citoïens, dont il eftimoit le mérite & le favoir.

F   Cependant

Cependant *Proculeius* s'acquittoit de fa commiffion près de la Reine, qui d'abord ne demanda rien à *Céfar* que la permif-fion d'enfevelir *Antoine*, qui lui fût ac-cordée fans peine. Elle n'épargna rien pour rendre fa fépulture magnifique, fui-vant la coûtume des Egyptiens. Elle fit embaumer fon corps avec les parfums les plus précieux de l'Orient, & le plaça parmi les tombeaux des Rois d'Egypte.

Céfar ne trouva pas à propos de voir *Cléopatre* dans les prémiers jours de fon deuil : mais lorfqu'il crût le pouvoir faire avec bienféance, il fe fit introduire dans fa chambre, après lui en avoir demandé la permiffion ; voulant par les égards qu'il avoit pour elle lui cacher fon deffein. Elle étoit couchée fur un petit lit, dans un état fort fimple & fort négligé. Quand il entra dans fa chambre, quoi-qu'elle n'eût fur elle qu'une fimple tu-nique, elle fe leva promptement, & alla fe jetter à fes genoux horriblement dé-figurée,

figurée, les cheveux en défordre, le vifage effaré & fanglant, la voix tremblante, les yeux prefque fondus à force de pleurer, & le fein couvert de meurtriffures & de plaïes. Cependant cette grace naturelle, & cette fierté que fa beauté lui infpiroit, n'étoient pas entiérement éteintes : &, malgré le pitoïable état où elle étoit réduite, de ce fond même de trifteffe & d'abbattement, il en fortoit, comme d'un fombre nuage, des traits vifs, & des efpéces de raïons qui éclatoient dans fes regards, & dans tous les mouvemens de fon vifage. Quoique prefque mourante, elle ne défefpéroit pas d'infpirer encore de l'amour à ce jeune vainqueur, comme elle avoit fait autrefois à *Céfar* & à *Antoine.*

La chambre où elle le reçût étoit pleine des portraits de *Jules Céfar.* " Seig-
" neur," lui dit-elle en lui montrant ces tableaux, " voilà les images de celui qui
" vous a adopté pour vous faire fuccéder

" à

" à l'empire Romain, & à qui je fuis re-
" devable de ma couronne." Puis, tirant
de fon fein les lettres qu'elle y avoit cachées : " Voilà auffi," continua-t-elle
en les baifant, " les chers témoignages
" de fon amour." Elle en lût enfuite
quelques-unes des plus tendres, accom-
pagnant cette lecture de paroles touchantes, & de regards paffionnés. Mais
elle emploïa inutilement tous ces arti-
fices : &, foit que fes charmes n'euffent
plus le pouvoir qu'ils avoient eu dans fa
jeuneffe, ou que l'ambition fût la paffion
dominante de *Céfar*, il ne parût point
touché de fa vûë ni de fon entretien ;
fe contentant de l'exhorter à avoir bon
courage, & l'affûrant de fes bonnes intentions. Elle s'apperçût bien de cette
froideur, dont elle tira un mauvais
augure : mais diffimulant fon chagrin,
& changeant de difcours, elle le remercia
des complimens que *Proculeius* lui avoit
faits de fa part, & qu'il venoit de lui re-
nouveller lui-même. Elle ajoûta qu'en

revenche

revenche elle vouloit lui livrer tous les
tréfors des Rois d'Egypte. Et en effet
elle lui remit entre les mains un borde-
reau de tous fes meubles, de fes pierreries
& de fes finances. Et comme *Seleucus,*
un de fes tréforiers qui étoit préfent, lui
reprocha qu'elle n'avoit pas tout déclaré,
& qu'elle cachoit & retenoit une partie
de ce qu'elle avoit de plus précieux ;
outrée d une telle infolence, elle lui
donna plufieurs coups fur le vifage. Puis,
fe tournant vers *Céfar*, " N'eft-ce pas
" une chofe horrible,"lui dit-elle, "que
" lorfque vous n'avez pas dédaigné de
" me venir voir & que vous avez bien
" voulu me confoler dans le trifte état
" où je me trouve, mes propres do-
" meftiques viennent m'accufer devant
" vous, fous prétexte que j'aurai refervé
" quelques bijoux de femme, non pour
" en orner une miférable comme moi,
" mais pour en faire un petit préfent à
" *Octavie* vôtre fœur, & à *Livie* vôtre
" époufe, afin que leur protection attire
" de

" de vôtre part un traitement favorable
" à une infortunée Princeffe ?"

Céfar fût ravi de l'entendre parler
ainfi, ne doutant point que ce ne fût l'a-
mour de la vie qui lui infpiroit ce lan-
gage. Il lui dit qu'elle pouvoit difpofer
à fon gré des bijoux qu'elle avoit retenus:
& après l'avoir affûrée qu'il la traiteroit
avec plus de générofité & de magnificence qu'elle n'ofoit l'efpérer, il fe retira,
penfant l'avoir trompée ; & c'étoit lui
qui le fût.

Ne doutant point que *Céfar* n'eût deffein de la faire fervir d'ornement à fon
triomphe, elle ne fongea qu'à mourir
pour éviter cette honte. Elle favoit bien
qu'elle étoit obfervée par les gardes
qu'on lui avoit donnés, qui, fous prétexte de lui faire honneur, la fuivoient
par tout ; & que d'ailleurs le temps
preffoit, le jour du départ de *Céfar*
approchant. Pour le tromper donc
encore

encore mieux, elle le fit prier qu'elle pût
aller rendre fes derniers devoirs au tombeau d'*Antoine*, & prendre congé de lui.
Céfar lui aïant accordé cette permiffion,
elle s'y rendit effectivement pour baigner
ce tombeau de fes larmes, & pour affûrer
Antoine, à qui elle adreffa fon difcours
comme fi elle l'eût eu fous les yeux, qu'elle
alloit bientôt lui donner une preuve plus
certaine de fon amour.

Après cette funefte proteftation, qu'elle
accompagna de fes pleurs & de fes foupirs, elle fit couvrir le tombeau de fleurs,
& revint dans fa chambre. Puis elle fe
mit au bain, & du bain à la table, aïant
ordonné qu'on lui fervît un repas magnifique. Au lever de la table, elle écrivit un billet à *Céfar* ; & aïant fait fortir
tous ceux qui étoient dans fa chambre,
excepté fes deux femmes, elle ferma la
porte fur elle, fe mit fur un lit de repos,
& demanda une corbeille où il y avoit
des figues qu'un païfan venoit d'appor-
ter.

ter. Elle la mit auprès d'elle ; &, un
moment après, on la vit se coucher sur
son lit, comme si elle se fût endormie.
Mais c'est que l'aspic, qui étoit caché
parmi les fruits, l'aïant piquée au bras
qu'elle lui avoit tendu, le venin avoit
aussi-tôt gagné le cœur,& l'avoit tuée sans
douleur, & sans qu'on s'en apperçût.
Les gardes avoient ordre de ne rien
laisser passer qui ne fût visité exactement :
mais ce païsan travesti, qui étoit un
fidéle serviteur de la Reine, joüa si bien
son personnage, & il parût si peu d'apparence de tromperie dans un panier de
fruits, que les gardes le laissérent entrer.
Ainsi toute la prévoïance de *Céfar* lui
fût inutile.

Il ne douta point de la résolution de
Cléopatre, après avoir lû le billet qu'elle
lui avoit écrit, pour le prier de per-
mettre que son corps fût mis auprès de
celui d'*Antoine* dans un même tombeau ;
& il dépêcha promptement deux officiers

ciers pour la prévenir. Mais, quelque diligence qu'ils puffent faire, ils la trouvérent morte.

Cette Princeffe étoit trop fiére, & trop au-deffus du commun, pour fouffrir qu'on la menât en triomphe, attachée au char du vainqueur. Déterminée à mourir, & par-là devenuë capable des plus féroces réfolutions, elle vit d'un œil fec & tranquile couler dans fes veines le poifon mortel de l'afpic.

Cléopatre mourut à l'âge de trente-neuf ans, dont elle avoit régné vingt-deux depuis la mort de fon pére. Les ftatuës d'*Antoine* fûrent abbatuës, & celles de *Cléopatre* demeurérent fur pied ; un certain *Archibius*, qui avoit été attaché au fervice de *Cléopatre*, aïant donné mille talens à *Céfar*, afin-qu'elles ne fuffent pas traitées comme celles d'*Antoine*.

APRES

G

APRÈS avoir parlé de deux Princeffes qui ont joüé un auffi beau
rôle dans l'hiftoire ; je fauterai tout-
d'un-coup d'Egypte en Angleterre, pour
en venir à *Baodicée*.

Præfætugus, Roi des Icènes, fon mari,
aïant laiffé par fon teftament fes tréfors à
partager entre l'Empereur *Néron* & fes
deux filles, dans la vûë que le prémier
prît ces Princeffes fous fa protection, &
qu'il n'oppreffât pas fes fujets ; la mére
& les filles s'attendoient à un fort pai-
fible & tranquile par la fage précaution
de *Præfætugus*. Mais il en arriva tout le
contraire : car à peine ce Prince eût-il
les yeux fermés, que les officiers de *Né-*
ron fe faifirent de tous fes effets au nom
de leur maître. *Baodicée* fa veuve, femme
d'un courage & d'un efprit au-deffus du
commun, s'oppofant à des procédés auffi
injuftes, ne s'en vit traiter qu'avec le
dernier

dernier mépris. Ces barbares, au-lieu de faire attention à des plaintes aussi bien fondées, poussérent la cruauté jusqu'à la faire foüetter publiquement; & portérent même l'indignité jusqu'à abandonner les deux Princesses ses filles à la brutalité du soldat.

Les Brétons en fûrent si choqués, que toute l'Isle se révolta, & en vint aux armes. Les Icènes fûrent les prémiers qui se soulevérent, & fûrent immédiatement joints par les Trinobantes. *Venutius*, avec les siens, entra dans la ligue. En un mot, tout ce qui avoit auparavant reconnu l'autorité de Rome se souleva d'un commun accord, excepté la ville de Londres. Les auteurs Romains conviennent eux-mêmes qu'on ne pouvoit blâmer les Brétons du parti qu'ils avoient pris, vû l'injustice & la violence des officiers de l'Empereur. Les vétérans qu'on avoit envoïés, pour s'établir dans l'Isle, ne se faisoient pas le moindre scrupule de

s'emparer

s'emparer de leurs biens fans forme de procès. *Cætus Decianus*, qui étoit chargé des pleins-pouvoirs de *Néron*, fans le moindre refpect pour les ordres de *Claude*, qui avoit affûré aux vaincûs la poffeffion de leurs effets, les confifquoit au profit de fon maître. C'étoit en vain que les Brétons lui repréfentoient l'irrégularité de fes procédés : il s'en mocquoit : &, fans leur alléguer d'autres raifons que fon bon plaifir, qu'il prétendoit réduire en loi, il ne fongeoit qu'à fes intérêts, & à ceux de fon maître. On affûre que *Sénéque* lui-même, malgré tous ces beaux déhors de modération & de défin-téreffement, dont il fait parade dans fes écrits, mais qu'il ne réduifit jamais en pratique, fût une des principales caufes de la révolte, en exigeant tout-d'un-coup le rembourfement de certaines fommes qu'il avoit prêtées à ufure aux Brétons. Tant de violences fomentérent fi bien dans l'efprit du peuple, que, fatigués de fe

voir

voir foumis à un joug étranger ils réfolurent unanimement de le fécoüer.

Vénutius, qui déteftoit les Romains,
fût enchanté de la révolte. Ceux même
qui étoient les plus dans leurs intérêts
s'en détachérent, & firent caufe com-
mune avec le refte du païs pour recouvrer
leur liberté.

Baodicée, brûlant du defir de fe venger, fe mit à la tête des rebelles, & leur
repréfenta vivement qu'il falloit profiter
de l'abfence du Général des ennemis, &
paffer au fil de l'épée tous les Romains
qui étoient dans l'Ifle. Les Brétons y
confentirent avec joïe, & tombérent à
l'improvifte, mais avec la derniére fureur, fur tous ceux qu'on avoit difperfés
dans leur Colonie, que ceux-ci avoient
pris plus de foin d'embellir que de fortifier, maffacrant tout, fans diftinction
d'âge ni de fexe. On vit alors par des
excès de cruautés inouïes jufqu'où peut
aller

aller la rage d'une populace en furie.
Les enfans à la mammelle se virent attachés au sein de leurs méres à la potence, dans le dessein sans-doute de faire souffrir à celles-ci une double mort. On poussa l'horreur jusqu'à couper le sein à de jeunes vierges, à qui on le fourra dans la bouche, pour leur faire pour ainsi dire manger leur propre chair. Les vétérans, qui, à Camelodunum s'étoient retirés dans un temple, où ils se croïoient en sûreté, préférérent de se voir réduits en cendres, aux extrêmités de la faim. En un mot, les Brétons étoient si irrités qu'aucum Romain n'échappa : & l'histoire assûre qu'il en périt quatre-vingt-mille dans le massacre.

Paulin aïant reçû avis de ce qui se passoit, quitta, sans perdre une minute, l'Isle du Man, pour faire face aux révoltés, qui avoient rassemblés cent-mille hommes sous les ordres de *Baodicée*, dans qui ils suppposoient que l'élégance de la taille, &

son

son courage naturel, suppléeroient aux qualités requises dans un Général. Cette Princesse, brûlant du desir de venger les divers affronts qu'elle avoit reçûs, mouroit d'envie d'en venir aux mains avec *Paulin*; d'autant-plus que ne lui sachant que dix-mille hommes, elle comptoit avoir bon marché de ce peu de Romains. De l'autre coté, *Paulin* n'aïant pas de secours à espérer, sentoit combien sa position étoit critique. La neuviéme légion, commandée par *Pactilius Cerealis,* venoit d'être taillée en piéces. *Poenius Posthumus,* qui étoit à la tête d'un détachement considérable de la seconde, refusa, contre toutes les loix du militaire, d'obéïr aux ordres de son Général, & de se joindre à lui. Desorte-qu'il ne resta à *Paulin* que deux partis à prendre; l'un étoit de marcher à l'ennemi avec une poignée de monde; l'autre de se jetter dans une forteresse pour l'y attendre. Il prit le dernier, & se retira à Londres : mais il ne tarda pas à changer

à changer de réfolution, fentant que, fous
prétexte de fauver cette Colonie, il couroit rifque de perdre toute la Province.
Il en fortit donc, malgré les cris des habitans, qui le fupplioient de ne pas les
abandonner à la fureur & au reffentiment
des rebelles. Il y avoit néanmoins peu
d'apparence qu'avec fa petite armée il pût
faire tête à cent-mille hommes. Mais
c'eft dans de pareils cas qu'un grand Général fait briller fes talens. *Paulin* fentit
qu'il falloit vaincre ou mourir, n'aïant
de fecours à attendre que de loin, & le cas
étant preffant. Deforte qu'au-lieu d'é-
viter les Brétons, qui marchoient à lui,
il fût à leur rencontre.

Cette noble réfolution anima fi fort fes
troupes, qu'elles le fuivirent avec joïe.
Ce qui prouve combien opére fur l'efprit
du foldat l'opinion qu'il a de fon Général.
Alors *Paulin* eût recours à ce que l'expérience lui avoit acquis pour contrebalancer le nombre de fes antagoniftes.

Il

Il choifit pour champ de bataille un ter-
rein étroit, couvrant fes derriéres d'une
forêt, vis-à-vis d'une large plaine où les
Brétons étoient campés. Il plaça fes légions dans le centre, environnées des
troupes légéres, & poftà fa cavallerie fur
fes ailes. Les bataillons & les efcadrons
ennemis fourmilloient dans la plaine ;
&, fiers de leur nombre, fe regardoient
comme fûrs de la victoire. Ils avoient
placé leurs femmes & leurs enfans dans
les chariots qui bordoient leurs retran-
chemens, pour les rendre témoins de
leurs proüeffes; & leur faire partager le
butin.

Baodicée, montée fur un char; fes deux
filles à fes côtés, parcouroit les rangs :
&, pour animér, les différens peuples
qui obéïffoient à fes ordres, élle leur
parla ainfi : " Ce n'êft pas aujourdui la
" prémiére fois què les Brétons ont été
" victorieux fous la conduite de leurs
" Reines. Quant à moi, je né viens pas

H " ici

" ici vous étaler les avantages de ma
" naiffance. Ce n'eft ni l'ambition ni
" la foif des richeffes qui m'animent :
" je ne fuis ici que comme fimple parti-
" culiére : c'eft vôtre liberté que je veux
" recouvrer. Je fonge à vous faire rendre
" juftice des torts que vous avez fouf-
" ferts, & à venger l'honneur de mes
" filles. La lubricité des Romains eft
" montée à un tel point, que ni la jeune
" ni la vieille ne font en fûreté vis-à-
" vis d'eux. Mais le bras vengeur de
" la Divinité s'eft déjà fait fentir fur
" eux; car une légion, qui avoit ofé nous
" faire tête, s'eft vûë taillée en piéces, &
" les débris fe font vûs forcés ou de fe
" renfermer dans leur camp, ou de
" chercher leur fûreté dans la fuite.
" Deforte-que, bien-loin d'être à-même
" de foûtenir le choc d'une armée vic-
" torieufe, l'idée feule du fort de leurs
" compagnons leur feroit lâcher le pied.
" Il ne vous refte ainfi, braves Brétons,
" qu'à confidérer vos propres forces, la
                              " fupériorité

" fupériorité que vous avez du côté du
" nombre, & la juftice de vôtre caufe ;
" & je fuis fûre que vous-vous réfoudrez
" à vaincre ou mourir. En effet, la mort
" n'eft-elle pas cent fois préférable à la
" honte de fe voir expofé au joug des
" Romains ? Songez que c'eft pour la
" liberté que vous avez les armes à la
" main. Sans elle la vie eft un fardeau.
" Telle eft mon opinion, quoique je ne
" fois qu'une femme. S'il y a parmi
" vous des hommes qui penfent différem-
" ment, je ne les empêche pas de pré-
" férer un honteux efclavage à une mort
" gloricufe." On dit qu'alors elle lâcha
un liévre, qu'elle tenoit caché dans fon
fein, pour qu'ils le priffent comme un
préfage fûr de la victoire.

Paulin, de fon côté, ne reftoit pas oifif.
Quoique fûr de la valeur de fes troupes,
il les exhortoit à ne pas faire attention
aux fanfaronades & aux menaces des barbares. " Ne voïez-vous pas," leur di-
oit-il, " qu'il y a plus de femmes que
H 2   " de

" de foldats parmi les ennemis : d'ail-
" leurs, n'aïant ni armes, ni courage, ils
" ne pourront réfifter au poids de vos
" bras victorieux. Ce n'eft prefque ja-
" mais le nombre qui décide dans une
" bataille. Une poignée de braves gens
" fuffit pour affûrer la victoire : &
" moins vous êtes plus vôtre triomphe
" fera glorieux. Tout ce que je vous
" recommande eft de ferrer vos rangs,
" & de combattre l'épée à la main,
" dès-que vous aurez épuifé vos traits.
" Au-refte ne vous amufez pas au pil-
" lage ; le butin ne peut nous manquer
" après la victoire."

Cette harangue fût fuivie d'une accla-
mation générale. Le foldat montra tant
de bonne volonté que *Paulin* fit fonner la
charge. Les Romains lancérent leurs
dards fans quitter l'avantage de leur
pofte : mais leurs carquois fe trouvant
vuides, ils fondirent l'épée à la main fur
les ennemis, fecondés des troupes auxi-
liaires,

liaires, qui fe battoient d'autant-mieux qu'elles ne cómptoient trouver de falut que dans la victoire.

Tant que les Romains ne firent que lancer leurs dards, les Brétons fe flat-toient qu'intimidés par le grand nombre de leurs adverfaires, ils ne tarderoient pas à prendre la fuite. Mais, lorfqu'ils virent les légions s'ébranler, l'épée à la main, à pas lents & comptés, & ferrant leurs rangs, fans qu'on pût lire dans leur contenance le moindre figne de terreur ; le défordre fe mit parmi eux : &, comme ils manquoient de chefs & d'officiers, il fût impoffible de les rallier. Les Ro-mains, s'appercevant de leur défordre, tombérent fur eux avec furie, & mirent toute l'armée en déroute. Deforte-qu'il ne fût plus queftion que de fonger à fauver fa vie par la fuite. Dans le même temps, la cavallerie Romaine aïant rom-pu celle des Brétons, en fit un carnage horrible. La quantité de leurs chariots

fût

fût même un obſtacle à leur fuite. Les
Romains ne firent quartier à perſonne,
ſans reſpecter ni âge ni ſexe : tout leur
ſervit de victime, femmes, enfans, & les
chevaux mêmes fûrent ſacrifiés à leur
rage.

Sans-contredit, cette victoire eſt une
des plus complettes qui ſe remportât jamais, s'il eſt vrai, comme le dit *Tacite*,
qu'il y périt 80,000 Brétons ; tandis
qu'il n'en coûta que quatre-cents hommes
aux Romains, avec autant de bleſſés.
Baodicée échapa aux pourſuites du vainqueur : mais, pénétrée juſqu'au fond du
cœur de la honte de ſa défaite, elle s'em-
poiſonna.

AVANT

AVANT de quitter l'hiſtoire ancienne, pour paſſer à des temps moins
reculés, je dirai deux mots de *Zénobie*.
Et, crainte d'ennuïer mon lecteur par le
récit de ſon hiſtoire, je ne ferai qu'effleurer une partie du beau diſcours que
cette Princeſſe fit à ſes filles dans les
jardins d'*Aurélien* ; diſcours où l'on verra
des traits qui font un honneur infini à
cette Reine infortunée de Palmirénie.

" Je vous ai dit toutes ces choſes, mes
" filles, & je me ſuis étenduë plus que
" je ne devois, pour vous faire com-
" prendre qu'en toutes les actions de ma
" vie je n'ai jamais eu aucune foibleſſe.
" Ne penſez donc pas qu'en la plus im-
" portante de toutes celles que j'ai faites,
" & en celle où il falloit le plus de cœur,
" j'aïe manqué d'en avoir, comme j'en ai
" eu dans toutes les autres.   Non, mes
" filles,

" filles, je n'ai rien fait en toute ma vie
" qui me donne une plus grande fatif-
" faction de moi-même que d'avoir pû
" fuivre un char de triomphe avec con-
" ftance. C'eft véritablement en ces
" occafions qu'il faut avoir l'ame grande:
" Qu'on ne me dife point qu'en ces ren-
" contres le défefpoir, eft une vertu, &
" la conftance une foibleffe : non, le
" vice ne fauroit jamais être vertu, & la
" vertu auffi ne fauroit jamais être vici-
" eufe. Qu'on ne me dife point encore
" que cette forte de conftance eft plus
" propre à des Philofophes qu'à des
" Rois. Sachez, mes filles, quil n'y a
" nulle différence entre des Philofophes
" & des Rois ; fi-non-que les uns en-
" feignent la véritable fageffe, & que les
" autres la doivent pratiquer. Enfin,
" comme les Souverains doivent de l'ex-
" emple à leurs fujets, & qu'ils font en
" vûë de toute la terre, il n'eft point de
" vertu qu'ils ne doivent fuivre. Entre
" toutes celles qui font néanmoins les

" plus

« plus néceffaires aux Princes, la con-
« ftance eft la plus illuftre comme étant
« la plus difficile : car pour ce défefpoir
« qui met le poignard à la main de ceux
« qui veulent éviter la fervitude, c'eft
« plûtôt une foibleffe qu'une vertu. Ils
« ne peuvent regarder la fortune quand
« elle eft irritée : elle ne veut pas plû-
« tôt les attaquer qu'ils évitent de la
« combattre : elle ne les veut pas plûtôt
« détruire qu'ils aident eux-mêmes à fon
« deffein : par une foibleffe indigne
« d'eux ils quittent la victoire à cette
« volage : & par une action précipitée,
« fans favoir fouvent ce qu'ils font, ils
« quittent leurs fers en quittant la vie,
« dont ils n'ont aimé que les douceurs
« fans en pouvoir fouffrir les amertumes.

« Pour moi, mes filles, qui fuis dans
« d'autres fentimens ; je tiens que qui a
« vécû avec gloire doit mourir le plus
« tard qu'il lui eft poffible ; & qu'à rai-
« fonnablement parler, la mort précipi-

I   « tée

" tée eſt plûtôt une marque de remords,
" de repentir & de foibleſſe, que de
" grandeur & de courage. Quelqu'un
" me dira, peut-être, que je ſuis d'un
" ſang à ne devoir jamais porter de fers;
" que *Cléopatre* n'aïant pas voulu ſuivre
" le char d'*Auguſte*, je ne devois jamais
" ſuivre celui d'*Aurélien*. Mais il y a
" cette différence entre cette grande
" Reine & moi, que toute ſa gloire còn-
" ſiſte en ſa mort, & que je fais conſiſter
" la mienne en ma vie. Sa réputation
" ne lui eût pas été avantageuſe, ſi elle
" ne fût morte de ſa main ; & la mienne
" ne ſeroit pas au point où elle eſt, ſi je
" m'étois privée de la gloire de ſavoir
" porter des fers avec autant de grandeur
" d'ame que ſi j'euſſe triomphé d'*Auré-*
" *lien*, comme il a triomphé de moi.

" Si *Cléopatre* eût ſuivi le char d'*Au-*
" *guſte*, elle eût vû cent objets fâcheux,
" en traverſant Rome, qui lui euſſent
" reproché ſes imprudences paſſées : le
　　　　　　　　　　　　" peuple

" peuple lui auroit fans-doute fait en-
" tendre par fes murmures une partie
" des manquemens de fa conduite. Mais
" pour moi, j'étois bien certaine de ne
" voir à l'entour du char que je fuivois
" que des hommes que j'avois vaincûs
" autrefois, & des témoins de ma valeur
" & de ma vertu. J'étois, dis-je, af-
" fûrée de n'ouïr rien de fâcheux, & de
" n'entendre parler que de mon mal-
" heur préfent, & de mes victoires paf-
" fées. Voilà, difoit ce peuple, *la vail-*
" *lante Zénobie* : voilà cette femme qui
" a remporté tant de victoires : admi-
" rez fa conftance en cette rencontre :
" ne diroit-on pas que les chaines de
" diamant qu'elle porte la parent plûtôt
" qu'elles ne l'attachent, & qu'elle méne
" le char qu'elle fuit ?

" Enfin, mes filles, pendant que j'é-
" tois toute chargée de fers, ou, pour
" les mieux nommer, de chaines d'or &
" de pierreries, comme une illuftre ef-

I 2   " clave ;

" clave ; pendant toute la magnificence
" de ce triomphe, qui eſt ſans-doute le
" plus fâcheux jour de la ſervitude ;·
" j'étois libre dans mon cœur, & j'eus
" l'ame aſſez tranquille pour voir avec
" plaiſir que ma conſtance arrachât des
" larmes de quelques-uns de mes enne-
" mis. Oui, mes filles, la vertu a de ſi
" puiſſans charmes que l'auſtérité Ro-
" maine n'y pût réſiſter ; & je vis quel-
" ques-uns d'entr'eux pleurer la vic-
" toire d'*Aurélien* & mon infortune.

" Au-reſte, il ne faut pas avoir la foi-
" bleſſe de laiſſer ébranler ſon ame par
" des choſes qui ne la touchent point
" du-tout quand on eſt parfaitement
" ſage. Tout ce grand appareil que l'on
" fait pour les triomphes ne doit point
" cauſer d'effroi à un eſprit raiſonnable :
" tous ces chariots d'or, ces chaines de
" diamant, ces trophées d'armes, &
" cette multitude de peuple qui s'amaſ-
" ſent pour voir cette funeſte cérémonie,

" ne

" ne doivent point faire de peur à une
" perfonne généreufe. Il eft vrai que
" mes chaines étoient pefantes : mais,
" quand elles ne bleffent point l'efprit,
" elles n'incommodent guéres les bras
" qui les portent. Pour moi, dans ce
" déplorable état, je penfai plus d'une
" fois que, comme la fortune avoit fait
" que je fuivois le char que j'avois moi-
" même fait conftruire pour triompher ;
" par une même révolution des chofes
" du moude, il pourroit arriver qu'un
" jour on vous feroit des fceptres des
" mêmes chaines que je portois. Mais
" enfin quand cela n'arriveroit pas, ne
" vous en affligez que modérément.—
" Aïez plus de foin de vous rendre dignes
" du trône que d'y remonter : car, de
" l'humeur dont je fuis, je fais plus de
" cas d'un fimple efclave quand il eft
" fidéle, que du plus puiffant Roi du
" monde quand il n'eft pas généreux.
" Songez donc, mes filles, à fupporter
" vôtre fervitude avec plus de conftance ;
" &c

« & croïez certainement que si j'ai été
« vaincûë d'*Aurélien*, la mienne a sur-
« monté la fortune.

« Il a assez parû dans la suite de ma
« vie que la mort ne m'épouvantoit point
« quand elle pouvoit m'être glorieuse.
« Je l'ai vûë cent fois sous un visage plus
« terrible que tous les désespérés ne
« l'ont jamais vûë. Le poignard de
« *Caton*, l'épée de *Brutus*, les charbons
« ardens de *Portie*, le poison de *Mi-*
« *thridate*, ni l'aspic de *Cléopatre*, n'ont
« rien de si effroïable. J'ai vû une
« grêle de dards & de flêches tomber
« sur ma tête ; j'ai vû cent javelines
« les pointes tournées contre mon cœur,
« & tout cela sans m'épouvanter.

« Ne pensez donc pas que si j'eusse crû
« que la mort m'eût pû être glorieuse,
« je ne l'eusse trouvée en ma propre
« main. Elle étoit accoûtumée à vaincre
« les autres, elle auroit rompu mes fers
« G

" fi je l'euffe voulu. Mais j'ai crû que
" j'aurois plus de gloire à les porter fans
" répandre des larmes, qu'à verfer mon
" fang par foibleffe ou par défefpoir.
" Ceux qui font confifter leur fatisfac-
" tion en eux-mêmes, quittent le trône
" avec moins de regrêts que ces autres
" qui, ne rencontrant rien dans leurs
" ames qui les contentent, font con-
" traints de trouver leur félicité dans les
" chofes qui leur font étrangéres.

" Vous me demanderez peut-être ce
" qui refte à faire à des Princeffes qui
" ont perdu l'empire & la liberté ? Je
" vous répondrai avec raifon, que, puif-
" que les Dieux ont voulu donner une
" fi noble matiére à vôtre courage, vous
" êtes obligées d'en bien ufer, & de faire
" connoître à toute la terre par vôtre
" patience & vôtre vertu, que vous étiez
" dignes du fceptre qu'on vous a ôté, &
" que les fers qu'on vous a donnés font
" indignes de vous.

" Voilà,

" Voilà, mes filles, ce qui vous reste
" à faire : & si vous pouvez vous laisser
" toucher à mon exemple & à mes rai-
" sons, vous trouverez que la vie pourra
" vous être encore douce & glorieuse.
" Vous avez du-moins cet avantage,
" qu'en l'état qu'est vôtre fortune, elle
" ne sauroit devenir plus mauvaise qu'-
" elle est : desorte-que si vous pouvez
" une fois vous y accoûtumer, rien ne
" pourra plus après troubler vôtre repos.
" Souvenez-vous que de tant de millions
" d'hommes qui sont au monde, il n'y
" en a pas cent qui portent des cou-
" ronnes : & croïez-vous, mes filles,
" que tous ces hommes soient malheu-
" reux ? & qu'hors du trône il ne puisse
" y avoir de douceur ? si la chose est
" ainsi, oh ! que vous êtes abusées ! Il
" n'est point dans la vie de condition
" qui n'aît ses peines & ses plaisirs : la
" véritable sagesse est de savoir égale-
" ment bien user de tous si la fortune
" vous les fait éprouver. Ceux qui se
" font

« font mourir eux-mêmes ne favent pas
« que tant qu'on eft vivant on eft en état
« d'acquérir de la gloire. Il n'eft point
« de Tiran qui puiffe m'empêcher d'im-
« mortalifer tous les jours mon nom,
« pourvû-qu'il me laiffe vivre, & que je
« fois vertueufe. Mon filence même,
« s'il me faifoit fouffrir quelque fup-
« plice que j'enduraffe conftamment,
« ne laifferoit pas de parler pour moi.

« Vivons donc, mes filles, puifque
« nous pouvons le faire avec honneur,
« & qu'il nous refte encore des moïens
« de témoigner nôtre vertu. Le fceptre,
« le trône, & l'Empire que nous avons
« perdus, ne nous ont été donnés que
« par la Fortune ; mais pour la conft-
« ance elle vient direɛtement des Dieux.
« C'eft de leurs mains que je l'ai reçûë,
« & c'eft pour cela que vous devez l'imi-
« ter. Elle eft la véritable marque des
« Héros, comme le défefpoir l'eft des
« foibles ou des inconfidérés.

K   « Ne

" Ne vous mettez donc point en peine
" de ce que la poftérité dira de moi ;
" & ne craignez pas que le jour du tri-
" omphe d'*Aurélien* aît terni toutes mes
" victoîres ; puifque, comme je vous l'ai
" dit, c'eft le plus glorieux de ma vie.
" D'ailleurs j'ai fçû qu'*Aurélien* a fait
" un portrait, en parlant au Sénat, qui
" me fera connoître à nos neveux. Con-
" fervez-le, mes filles, afin que, quand
" je ne ferai plus, le fouvenir de ce que
" j'ai été vous oblige à être toûjours ce
" que vous devez être. Vóici les cou-
" leurs dont *Aurélien* s'eft fervi dans ce
" tableau :

" *J'ai appris, a-t-il dit, qu'on me re-*
" *proche comme une chofe peu digne d'un*
" *grand courage, d'avoir triomphé de Zé-*
" *nobie. Mais ceux qui me blâment ne*
" *fauroient quelle louange me donner, s'ils*
" *favoient quelle étoit cette femme ; com-*
" *bien elle étoit avifée en fes confeils ; com-*
" *bien elle fe montroit courageufe & con-*
" *ftante*

" *ſtante en l'ordre qu'elle ténoit ; combien*
" *elle étoit impérieuſe & grave à l'endroit*
" *des gens de guerre ; combien elle étoit*
" *libérale quand ſes affaires l'y obligeoient ;*
" *& combien elle étoit ſévére & exaɇe*
" *quand la néceſſité l'y contraignoit. Je*
" *puis dire que ç'a été par ſon möïen qu'O-*
" *donat a vaincû les Perſes, & pourſuivi*
" *le Roi Sapor juſqu'à Steſiphonte. Je*
" *puis aſſûrer que cette femme avoit telle-*
" *ment rempli l'Orient & l'Egypte de la*
" *terreur de ſes armes, qui ni les Arabes,*
" *ni les Sarraſins, ni les Arméniens n'oſoi-*
" *ent remuer. Que ceux donc à qui ces*
" *choſes ne plaiſent pas ſe taiſent ; car s'il*
" *n'y a point d'honneur d'avoir vaincû &*
" *d'avoir triomphé d'une femme, que diront-*
" *ils de Gallienus, au mépris duquel cette*
" *Princeſſe a ſçû maintenir ſon Empire ?*
" *Que diront-ils de Claudius, Prince ſaint*
" *& vénérable, qui, étant occupé aux*
" *guerres des Goths, par une louable pru-*
" *dence, a bien voulu ſouffrir qu'elle ré-*

" *gnât ;*

" *gnât ; afin que cette Princeffe, occupant*
" *ailleurs fes armes, il pût plus aifément*
" *achever fes autres entreprifes ?*

" Voilà, mes filles, ce que mon vain-
" queur a dit de moi, quoique j'aïe fuivi
" fon char. Aïez la même équité, je
" vous en conjure ; & croïez que qui-
" conque a vécû de cette forte n'a que
" faire de fe donner la mort, pour im-
" mortalifer fon nom."

Peut-on lire quelque chofe de plus
noble & de mieux frappé que ce difcours ? Auffi *Zénobie* réüffit-elle à diffuader fes filles du deffein qu'elles avoient formé de mourir. Elles fûrent s'attirer le refpect de toutes les Dames de
Rome, & s'y mariérent dans les prémiéres familles. Ces jardins dont *Au-*
rélien leur fit préfent font ce qu'on apelle
aujourdui *Tivoli* ; que beaucoup de gens
connoiffent fans favoir qu'ils ont autrefois appartenu à *Zénobie*.

Les

Les différentes hiſtoires que je viens
de citer ſont ſi éloignées de nos jours
qu'elles ont pour ainſi dire l'air fabuleux.
Je vais donc me rapprocher davantage en
parlant de la Reine ELIZABETH, qui
mériteroit à juſte tître le nom de Grande,
ne fût-ce que pour n'avoir jamais con-
ſulté, dans toutes ſes démarches, que le
bien & l'inclination de ſes ſujets.

MALGRE' que, depuis long-
temps, les Miniſtres de *Marie* ſe fuſſent
doutés que ſa fin approchoit, ſa mort ne
laiſſa pas de les jetter dans la derniére
perplexité. Ils étoient tous Catholiques.
C'étoient eux qui avoient ſuggéré, ou
du-moins approuvé la rigoureuſe perſécu-
tion ſous laquelle gémiſſoient les Pro-
teſtans : & ceux-ci, ſuivant toutes les
apparences, alloient à leur tour prendre

le

le deſſus. Ceci leur fit tenir ſecrete pendant quelques heures, la mort de *Marie*;
afin de pouvoir délibérer ſur le parti qu'il
y avoit à prendre. Mais, comme le
Parlement étoit aſſemblé, il ne dépendoit
pas d'eux de rien déterminer quant à la
ſucceſſion, d'autant-plus qu'*Henri* VIII.
n'avoit laiſſé aucun doute à ce ſujet dans
ſon teſtament, qui avoit été confirmé par
un acte de Parlement, ſans-qu'il eût jamais été rappellé. Deſorte-qu'ils ſe
bornérent à faire notifier aux deux
Chambres la mort de la Reine ; & c'eſt
tout ce qu'ils pouvoient en pareil cas.

Les Pairs fûrent les prémiers à qui on
en donnât avis : &, ſans perdre de temps,
ils ſe mirent à examiner les droits des
différentes perſonnes qui pouvoient prétendre au trône. S'il eût s'agi de décider
de ces droits par les loix civiles, ou ſuivant la coûtume, la choſe eût été très-
difficile, parce-que les différens divorces
d'*Henri*, joints à pluſieurs actes de Parlement

lement qui fe contredifoient manifefte-
ment, euffent rendu la matiére des plus
compliquée. Mais, comme en Angleterre le Parlement, qui comprend le
Roi, les Pairs, & les Communes, eft le
fuprême Légiflateur ; ce font toûjours les
loix qui décident, à-moins-que la force
ne s'y oppofe. Ce même Parlement avoit
paffé un acte qui autorifoit *Henri* à régler
l'ordre de la fucceffion dans fa famille,
fuivant fon bon plaifir. Conféquemment il avoit nommé *Elizabeth* pour fuccéder à fa fœur *Marie* ; quoiqu'elles
euffent l'une & l'autre été déclarées bâ-
tardes. Le droit d'*Elizabeth* à la couronne ne pouvoit donc lui être difputé
par le Parlement, puifqu'il dérivoit de
l'acte par lequel on avoit permis à *Henri*
de régler fa fucceffion. D'ailleurs, perfonne n'ignoroit que fi ce Monarque
avoit fait caffer fon mariage avec *Anne de*
Boleyn, mére d'*Elizabeth*, & que fi en
conféquence celle-ci avoit été déclarée
bâtarde ; ce n'étoit que par un pur caprice,

price, auquel le Parlement avoit femblé fe prêter, plûtôt pour lui plaire que pour faire un acte de juftice. Mais, fuppofé que les Lords euffent exclû *Elizabeth*, fur qui euffent-ils pû fixer leur choix fans expofer le Roïaume au danger le plus évident? J'entrerai dans quelque détail à ce fujet, parce-que les particularités en font néceffaires pour jetter du jour fur le régne d'*Elizabeth*.

Il y avoit, à la mort de la Reine défunte, trois différentes perfonnes qui pouvoient prétendre à la couronne; favoir *Elizabeth* fa fœur,—*Marie* Reine d'Ecoffe, petite-fille de *Marguerite*, fœur ainée d'*Henri* VIII.—& *Françoife Ducheffe de Suffolk*, fille de *Marie*, fœur cadette de ce Monarque. Les droits d'*Elizabeth* étoient fondés, comme je viens de l'obferver, fur le teftament de fon pére, confirmé par acte de Parlement. Il eft vrai que de fon côté *Marie* pouvoit objecter qu'*Elizabeth* avoit été déclarée bâtarde

tarde par un autre acte de ce même Parlement qui n'avoit pas été rappellé ; que
jamais bâtard, depuis *Guillaume le Con-
quérant,* n'avoit porté la couronne d'Angleterre ; que, fuivant les loix du païs,
les bâtards n'avoient aucun droit à la
fucceffion de leurs péres ; & qu'il s'en
fuivoit naturellement que le trône appartenoit aux defcendans de *Marguerite*
fille ainée d'*Henri* VII. Quant à la *Ducheffe de Suffolk,* elle pouvoit alléguer
qu'*Elizabeth* étant bâtarde, & la Reine
d'Ecoffe étrangére, fans que même il eût
été fait mention d'elle dans le teftament
d'*Henri* VIII. la couronne fembloit ap-
partenir de droit à la poftérité d'*Henri*
VII.

Je ne m'étendrai pas fur tous les dé-
bats qu'il y eût à cette occafion dans les
deux Chambres, qui, à la fin, réfolurent
de fe déclarer pour *Elizabeth.* Cette
Princeffe, inftruite de la décifion du Parlement, partit de Hatfield le 19 de No-
L vembre

vembre 1558, & arriva à Londres, suivie d'une quantité de Seigneurs & de Dames, & au milieu des acclamations réïtérées du peuple. Elle avoit alors vingt-cinq ans, étoit paffablement belle ; mais rien n'égaloit l'air de grandeur & de majefté qu'on lui voïoit. Ce qui, sur-tout, la rendit bientôt l'idole du peuple, fût cet air d'affabilité qui lui gagnoit d'abord le cœur de tous ceux qui en approchoient. Elle avoit trop d'efprit & de bon fens pour ne pas fentir de quelle conféquence il étoit pour elle de fe faire aimer de fes fujets, puifque c'étoit l'appui le plus fûr de fon trône, comme la fuite le fera con-noître. Auffi le changement de fa fortune n'en apporta-t-il aucun à fes ma-niéres ; & bien loin de diminuer en rien de fon affabilité depuis fon élévation, elle fe fit au contraire une étude de l'aug-menter au point qu'on l'accufa d'avoir été un peu *Comédienne* fur cet article, & d'outrer même fon rôle. ,

Son

Son prémier foin, après avoir reçû les complimens ufités fur fon acceffion au trône, fût d'envoïer des Ambaffadeurs aux principales cours de l'Europe pour la leur notifier. *Karne* même, qui étoit à Rome depuis la mort d'*Edoüard* VI. eût ordre de faire part au Pape de celle de *Marie*, & de l'acceffion d'*Elizabeth*.

Je vais actuellement effleurer les principaux événemens du régne de cette grande Reine ; ne pouvant, dans l'efpace borné que je me fuis prefcrit, m'étendre plus au long : ce que je ferai avec plus d'exactitude dans l'HISTOIRE d'ANGLE-TERRE, à laquelle je travaille.

Comme, dès fon avénement à la couronne, *Elizabeth* avoit formé le plan de rétablir la Religion Proteftante fur les débris de la Catholique ; elle ne tarda pas à mettre les fers au feu pour exécuter fon projet. Elle crût que fon prémier pas devoit être de changer les Ma-

giftrats

giftrats des différentes Villes & Comtés, qui, au décès de *Marie*, étoient prefque tous Catholiques, Ceux-ci fûrent donc renvoïés, & la Reine n'emploïa à leur place que des Proteftans.

Auffi-tôt après elle convoqua un nouveau Parlement, compofé de gens qu'elle avoit choifis, & fur qui elle pouvoit compter. Ce Parlement débuta par faire revivre les loix d'*Edoüard* VI. au fujet de la Religion. Les créatures d'*Elizabeth*, qui étoient à la tête du Magiftrat, veillérent à ce que les loix fuffent exécutées à la lettre. Deforte-que peu de mois après la mort de *Marie*, il fût auffi criminel d'aller à la meffe, qu'il l'eût été de fon vivant d'aller au prêche. Tous ceux du Clergé qui refuférent de fe conformer au nouveau réglément perdirent leurs bénéfices, & fe virent remplacés par des Proteftans. En un mot, la Réforme fit des progrès auffi rapides fous *Elizabeth*, qu'avoit fait la Religion Catholique fous le

régne

régne précédent ; excepté que fous la
nouvelle Reine'perfonne ne perdit la vie
pour caufe de Religion. Qu'on ne croïe
pas, au-refte, qu'elle parvînt auffi vite à
changer les cœurs. Ce n'eft pas en fait
de dogmes qu'on fe pique le plus généralement d'obéïffance à fon Prince. Ceux
qui, dans le fond du cœur, étoient vrai-
ment Catholiques fous *Marie*, le refté-
rent fous *Elizabeth* ; demême-que ceux
qui, fous *Edoüard* VI. avoient de bonne
foi embraffé la 'Réformation, demeurérent Proteftans *in petto* ; quoique par
politique, ils affectaffent de donner des
marques extérieures du contraire. D'où
l'on peut conclurre, que l'on n'avoit, à
proprement parler, fait que changer de
nom fous les régnes précédens ; que les
fujets n'avoient cherché qu'à fe monter
fur le ton de leurs Princes ; & que le
nombre des Catholiques devoit encore
être très-confidérable. Il n'y avoit guéres
plus de vingt ans que la Religion Proteftante avoit commencé ; & dans ce peu

de

de temps le service divin avoit quatre
fois changé de forme. Cependant le
bon sens ne nous permet pas de croire
que toute une Nation aît si souvent passé
d'une opinion à une autre, par déférence
aux caprices de ses maîtres.

Au-reste, malgré qu'après qu'*Eliza-*
beth eût de nouveau introduit le Protes-
tantisme en Angleterre, il y restât beaucoup de Catholiques ; il est néanmoins
vraisemblable qu'il y avoit encore plus de
Réformés. Aussi est-il naturel de concevoir que tous ceux qui persistoient dans
leurs anciens sentimens étoient en secret
ennemis de la Reine ; qu'ils soupiroient
dans le fond du cœur après le rétablisse-
ment de l'ancienne Religion ; & qu'ils
n'attendoient que l'occasion de placer une
Princesse Catholique sur le trône : ce qui
engagea *Elizabeth* à avoir toûjours l'œil
sur ses sujets.

Le

Le cas où fe trouvoit cette grande Princeffe étoit des plus épineux. Outre diverfes Puiffances, parmi lefquelles le Pape n'étoit pas le moins redoutable, qu'elle avoit fur les bras ; elle fe méfioit encore des Irlandois, & d'une partie des Anglois. Sans allié, qui pût la fecourir ou l'aider de fes confeils, elle ne pût trouver de reffource que dans fa propre tête. Il n'y avoit que fa prudence, la juftelffe de fes démarches, ou la fidélité de fes fujets qui puffent la tirer d'affaires. Ce fûrent les feuls moïens, qu'elle fe réfolût d'emploïer ; & elle fit bien ; car, fi elle n'eût fçû gagner les cœurs de fes peuples, en remettant fes intérêts entre leurs mains, elle n'y fût jamais parvenuë autrement. Elle prévoïoit qu'elle feroit fouvent dans le cas de recourir à leurs bourfes : & le feul moïen de pouvoir y puifer étoit de s'en faire aimer : auffi fût-ce là fa maxime fondamentale, & la bafe de toutes fes actions pendant le cours de fon régne. Il eft
vrai

vrai qu'heureufement pour cette Princeffe, elle avoit le cœur & l'ame d'une
telle trempe que de fa vie elle ne s'écarta
de cette régle ; & qu'on peut affirmer
que jamais Roi d'Angleterre ne fût plus
aimé de fes fujets qu'*Elizabeth*. Au-
refte, pour convaincre le lecteur que c'eft
avec juftice que j'en fais ce bel éloge, j'entrerai dans quelques détails ultérieurs fur
cet article.

Il n'y a pas de doute que le nombre
des Proteftans ne l'emportât de beaucoup
fur celui des Catholiques : n'avoit-elle
donc pas raifon de favorifer les prémiers ?
Proteftante elle-même, elle trouvoit un
double plaifir en fe déclarant pour la
Religion qu'elle profeffoit, & en s'affer-
miffant de plus en plus fur le trône.
Ajoûtez à cela que rien ne captive plus à
un Prince les cœurs de fes peuples, que
lorfqu'il régle fes finances de façon à ne
pas fe voir obligé à furcharger d'un jour
à l'autre le païs de nouvelles tailles. C'é-
toit-

toit-là une qualité qu'*Elizabeth* poſſédoit
au ſuprême degré. Elle pouſſoit même
ſouvent l'œconomie à un tel point, que
quelquefois ſes Miniſtres la taxérent d'a-
varice. Tout ce qu'on peut dire c'eſt
qu'il y avoit tant d'ordre dans ſes dé-
penſes, qu'on ne lui vit jamais enrichir
ſes favoris des deniers publics, ni les emploïer en choſes ſuperfluës. Cela n'empêchoit cependant pas que lorſqu'il le falloit abſolûment, elle ne répandit l'argent
à pleines mains. La France, l'Eſpagne
& l'Ecoſſe en firent plus d'une fois l'expérience. Auſſi les Anglois avoient-ils
une ſi haute opinion de ſon œconomie,
que jamais Parlement ne lui refuſa les
ſubſides qu'elle demanda, & que jamais
le peuple ne murmura lorſqu'ils fûrent
accordés.

Elizabeth avoit encore une autre qualité qui acheva de lui gagner le cœur des
Anglois ; c'eſt que jamais ſes Miniſtres
n'eurent aſſez de pouvoir ſur elle pour

M   l'engager

l'engager à fe fervir de mauvais fujets,
ou à les diftinguer. Elle fentoit que
c'étoit avilir les poftes d'honneur que
d'en difpofer en faveur de perfonnes qui
ne puffent en foûtenir l'éclat par leur
vertu ; & elle eût crû faire un vol au
mérite en nommant à un emploi quelqu'un qui n'eût rien fait pour l'obtenir.
Elle étoit fûre, en fuivant cette maxime, de ne défobliger perfonne ; parce-
que fuppofé qu'un Seigneur eût pû prétendre à quelques marques de diftinction ;
qu'on la lui eût refufée ; & qu'après cela
on l'eût accordée à un autre qui de toute
façon lui eût été inférieur ; le prémier
eût fans-doute eu lieu de fe plaindre ; ce
qui ne pouvoit jamais arriver, vû la régle
que la Reine s'étoit prefcrite, régle dont
elle ne fe départit prefque jamais pendant
le cours de fon régne.

Pour mettre le comble à fes vertus,
Elizabeth fe piquoit de faire rendre juftice à chacun avec la derniére imparti-
alité.

alité. Ses plus chers favoris l'éprouvé-
rent, lorfqu'ils abuférent de fes bontés,
ou qu'ils s'écartérent de leur devoir. Il
eft vrai que comme il étoit de fon intérêt
de fe faire aimer du peuple, elle n'éparg-
noit rien pour y parvenir. On n'a cependant pas droit d'en conclurre, comme
certains auteurs ont voulu l'avancer, que
tout n'étoit en elle que diffimulation;
d'autant qu'il n'eft pas impoffible que
fouvent nos goûts s'accordent avec nos
intérêts. *Elizabeth* étoit fonciérement
attachée à la Religion Proteftante; &
fon bien-être vouloit en même temps
qu'elle en fût l'appui. Son goût naturel
pour l'œconomie s'accordoit fort bien
avec les circonftances où elle fe trouvoit,
circonftances qui exigeoient qu'elle ne
dépenfât pas un fol mal-à-propos. Doüée
elle-même de bonnes qualités, elle eftimoit la vertu dans les autres. Il n'eft
donc pas furprenant quelle ne pût recompenfer autre chofe que le vrai mérite.
Et, pour finir, fi elle eût été moins ftriête

M 2 fur

sur l'observation de la justice, on l'eût peut-être attribué à la foiblesse de son sexe ; ce qui eût pû engager les Grands du Roïaume à s'oublier.

Ses prémiéres démarches politiques fûrent rélatives aux troubles de l'Ecosse. Mais, comme cet article seul fourniroit un volume, je glisserai dessus, pour passer à quelque chose de plus intéressant, qui est d'apprendre au lecteur le nom des différens personnages qui aspirérent à l'épouser.

Quoiqu'elle eût plus d'une fois déclaré à son Parlement qu'elle ne songeoit pas à se marier, on n'ignoroit cependant pas que de pareilles résolutions sont sujettes au changement ; d'autant-plus qu'il y avoit nombre de Princes & de Seigneurs qui se flattoient de lui inspirer des préjugés plus avantageux pour l'hymen. *Charles*, Archiduc d'Autriche, fils cadet de l'Empereur *Ferdinand*, le Roi de Suéde,

Suéde, & le Duc d'Holftein, l'avoient déjà faite fonder à ce fujet. Le Comte d'*Arran*, fils du Duc de *Chatelerault*, comptant fur la ftérilité de la Reine *Marie*, & fe regardant en conféquence comme héritier préfomptif de l'Ecoffe, ne doutoit pas que pour réünir les deux Roïaumes, *Elizabeth* ne le préférât à tous fes concurrens.

D'autres, auffi paffionnés, mais moins entreprenans, parce-qu'ils étoient fujets, n'ofoient fe déclarer hautement ; & fe contentoient de lui laiffer deviner leurs vûës par la délicateffe de leurs foins. Quelques-uns même s'adrefférent à des Dames de leurs amies, pour parler en leur faveur. L'un prônoit fa naiffance, & l'autre fon mérite, tandis-qu'un troifiéme faifoit l'éloge de fon cœur, & des graces de fa perfonne. En un mot, jamais comme elle femme ne fe vit attaquée de tous côtés.

Le

Le Comte d'*Arundel*, d'une des prémiéres maifons du Roïaume, quoique
prefque déjà fur le retour, s'imaginant
que la Reine épouferoit plus volontiers
un fujet qu'un Souverain ; fe mit dans
la tête que perfonne plus que lui ne
pouvoit prétendre à cet honneur. Le
Chevalier *Pickering*, à qui *Elizabeth* avoit
donné quelques marques d'eftime parti-
culiére, eût affez d'amour-propre pour fe
flatter qu'elle ne s'en tiendroit pas là.

Mais perfonne ne faifoit monter fi loin
fes efpérances que *Robert Dudley*, fils du
feu *Duc de Northumberland.* La Reine
le préféroit hautement à tous ceux qui
avoient l'honneur d'approcher de fa perfonne. Elle fembloit même témoigner
tant d'inclination pour lui, qu'on crût
pendant long-temps qu'elle avoit réfolu
de l'époufer. Elle l'avoit fait fon grand
Ecuïer à fon avénement au trône, & lui
avoit en même temps donné l'ordre de la
jarretiére. Toutes les graces paffoient

par

par fon͜canal : ce qui fit connoître à cette
Princeffe qu'elle avoit plus que de l'eftime
pour lui. Lorfqu'on parloit de ce feigneur à la cour, on difoit fimplement
Mylord, comme fi on eût voulu dire *My-*
lord par excellence. Quand cependant
on en venoit à examiner fur quoi pouvoient être fondées des diftinctions auffi
marquées, on ne trouvoit abfolûment rien
qui pût frapper des yeux auffi perçans que
ceux d'*Elizabeth.* Si *Dudley* avoit des
vertus, fes vices les effaçoient ; deforte-
qu'on ne pouvoit s'en prendre qu'aux
planettes du goût de la Reine, qu'on
fuppofoit prédominée par la force des
conftellations & de la fympathie. Quoiqu'il en foit, il faifoit la pluïe & le beau
temps à la cour ; & on lui communi-
quoit les affaires les plus fecretes. Les
Ambaffadeurs alloient lui rendre compte
de leurs négociations ; & quiconque avoit
des graces à demander s'adreffoit à lui,
à moins de vouloir échoüer ; car c'étoit
une faute qu'il ne pardonnoit pas.

Le

Le prémier trait d'éclat que je trouve dans l'hiſtoire d'*Elizabeth*, eſt le traité qu'elle ſigna avec le Vidame de Chartres en faveur des Huguenots ; traité par lequel cette Princeſſe s'engageoit à leur fournir cent-mille écus, & ſix-mille hommes d'Infanterie, dont la moitié devoit être emploïée à la défenſe de Dieppe & de Roüen, & le reſte mis en garniſon au Havre, qu'*Elizabeth* devoit garder juſqu'à-ce-qu'on lui remît Calais. *Paul de Foix*, qui étoit alors Ambaſſadeur de France en Angleterre, aïant eu vent de ce traité, s'en plaignit ; & demanda à la Reine qu'en vertu du traité de Cateau, elle lui livrât le Vidame & ſes adhérens. Elle lui répondit qu'elle en écriroit au Roi de France ; ce qu'elle fit en effet : mais, ne pouvant obtenir de conditions pour ce ſeigneur, elle ne ſe crût pas obligée à le remettre entre les mains des François.

Cependant

Cependant comme les six-mille Anglois n'avoient mis en mer qu'au mois de Septembre, ils trouvérent à leur arrivée le Roi de Navarre aux portes de Roüen ; ce qui les fit partager en deux corps, dont l'un se jetta dans Dieppe, & l'autre prit possession du Havre, suivant l'esprit du traité de Londres. *Elizabeth* avoit nommé le *Comte de Warwick* gouverneur de cette place. Dans cet intervalle Roüen fût emportée d'assaut, & le Roi de Navarre, qui avoit été blessé au siége mourût à son retour à Paris. Ce fût vers la fin de cette année que se donna la bataille de Dreux, entre les Huguenots & les Catholiques, où la perte fût à-peu-près égale des deux côtés. Le Prince de *Condé*, & le Connétable de *Montmorenci*, qui commandoient les deux armées, fûrent l'un & l'autre faits prisonniers ; mais le Roi de France demeura maître du champ de bataille. Le Prince de *Condé*, ne se trouvant plus en état de figurer à la tête de son parti, l'amiral de

N *Chatillon*

Chatillon prit le commandement de l'armée.

Je paffe fous filence tout ce qui a rapport aux affaires d'Ecoffe, dont je ne dirai rien jufqu'à-ce-que j'en vienne à la
mort de *Marie Stuart*.

En 1564 la paix fe conclût entre la
France & l'Angleterre, & fût fignée à
Troyes en Champagne l'onze Avril.
Chacun fe refervoit fes droits & fes prétentions, fans rien fpécifier, pas même la
reftitution de Calais. Néanmoins, lorfque le temps fût expiré, la Reine envoïa
les Chevaliers *Smith* & *Winter*, pour demander qu'on lui remît cette Place con-
formément au traité de Cateau. Mais
le Monarque François ne fongeoit à rien
moins qu'à s'en deffaifir. Si *Elizabeth*
ne fe fût point trouvée d'autres affaires
fur les bras, elle eût bientôt fçû faire valoir fes droits en déclarant la guerre à la
France. Mais fa pofition étoit critique :
il

il s'agiffoit de fe maintenir fur le trône, &
non de faire des conquêtes.

Le maffacre de la St. Barthelémi qui
arriva en 1572, aïant révolté toute l'Europe contre *Charles* IX. ce Prince crût
devoir ménager la Reine *Elizabeth.* Quoiqu'il eût fait périr une bonne partie de
fes fujets Proteftans, il voïoit ceux qui
étoient échappés tous prêts à prendre
les armes pour fe fouftraire à fa furie.
La Rochelle, qui étoit leur boulevard,
refufoit de lui ouvrir fes portes ; & les
Huguenots du Languedoc venoient de fe
révolter. Auffi n'épargna-t-il rien pour
cajoler la Reine, & l'empêcher de fecourir
les derniers. Lorfqu'il lui fit parler à
ce fujet, elle lui répondit par le canal de
fon Ambaffadeur, qu'après l'horrible maffacre qui venoit de fe faire par fes ordres,
elle ne pouvoit plus placer la moindre
confiance en lui. *Charles* s'excufa de fon
mieux. Tantôt il difoit que la chofe
s'étoit faite fans fon aveu, & à fon infçû ;

&

& tantôt qu'il s'y étoit vû forcé pour prévenir une confpiration que l'Amiral avoit formé contre lui, fa mére, & fes fréres.

Dans le temps même qu'il accabloit l'Ambaffadeur d'Angleterre de careffes, & de proteftations d'amitié pour la Reine fa maîtreffe, il travailloit fous main à lui fufciter des ennemis en Angleterre & en Ecoffe. Auffi *Elizabeth*, qui en fût in-ftruite, ne fe fit-elle pas fcrupule peu après de fecourir La Rochelle, où elle envoïa *Montgomery*. L'Ambaffadeur de France fe plaignit amérement qu'on le laiffât mettre à la voile, & que les marchands Anglois envoïaffent des provifions aux affiégés. On lui répondit, pour la forme, que cette flotte étoit compofée de gens fans aveu, qu'ils naviguoient fous de faux pavillons, & que fi on pouvoit les prendre ils feroient punis ; quant aux marchands, qu'ils cherchoient à gagner où ils pouvoient.—Au-refte, voilà où fe

borna

borna tout le fecours que la Reine donna aux Huguenots. Elle ne vouloit abfo- lûment pas en venir à une rupture ou- verte avec la France, foit pour l'attirer dans fes intérêts, ou du-moins pour faire croire qu'elle n'étoit pas brouillée avec *Charles* : ce qui, naturellement, devoit rendre fes autres ennemis plus circonf- pects.

Je n'entrerai pas dans le détail des propofitions de mariage que la cour de France lui fit faire d'abord avec le *Duc d'Alençon*, puis avec le *Duc d'Anjou* ; parce-que le tout ne fût qu'un jeu de part & d'autre, quoiqu'on difputât très- long-temps fur les conditions, comme fi l'on y eût penfé férieufement.

L'année 1577 commença par un événe- ment affez intéreffant, qui fût l'arrivée de *Dom Juan d'Autriche* aux Païs-Bas. C'étoit un Prince d'un génie fupérieur, & dont l'ambition l'emportoit prefque

encore

encore fur la naiffance. Il ne pouvoit
penfer fans frémir qu'il fût né fujet; &
il n'y a rien qu'il n'eût fait pour ceffer de
l'être. Tous fes pas tendoient à la fou-
veraineté. Son prémier projet avoit été
de fe faire Roi de Tunis. Y aïant échoüé,
il fongea à époufer la Reine d'Ecoffe,
pour monter enfuite fur le trône d'Angleterre. *Elizabeth* n'ignoroit pas les
deffeins de *Dom Juan* fur les Païs-Bas;
mais elle n'avoit pas pénétré fes vûës fur
l'Angleterre & l'Ecoffe. Le Prince d'*O-*
range lui en donna avis : ce qui lui fit
avoir les yeux fur les Païs-Bas. Sur-le-
champ elle fit remettre aux Etats les
cent-mille livres fterlings qu'ils lui avoient demandé.

Tandis-que la Reine affiftoit les confédérés dans les Païs-Bas, fous prétexte
de les empêcher de fe donner à la France,
Philipe lui rendoit la pareille en fomen-
tant une rébellion en Irlande. Mais ce
projet chimérique fût enfeveli avec *Stu-*
kely,

kely, qui devoit l'exécuter, & qui périt, avec *Dom Sebaſtian* Roi de Portugal, à la bataille d'Alcaſar. *Dom Juan* remporta un avantage ſignalé ſur les Etats à la bataille de Gemblours : mais il ne fit rien de remarquable depuis, juſqu'à ſa mort qui arriva le prémier Octobre 1578. On prétend qu'elle fût la ſuite du poiſon qu'on lui avoit donné par ordre du Roi ſon frére. *Alexandre Farneſe,* Prince de Parme, lui ſuccéda dans le commandement de l'armée.

On répandit dans l'année 1580, des écrits par leſquels on donnoit avis aux Anglois que le Pape, de concert avec le Roi d'Eſpagne, s'étoit ligué pour faire la conquête de l'Angleterre, & y rétablir la Religion Catholique : & on y exhortoit ceux de cette communion dans ce païs à favoriſer l'entrepriſe. *Elizabeth,* ſur cela, fit publier qu'elle étoit inſtruite des menées fecretes de ſes ennemis ; mais que, ſe repoſant ſur l'affiſtance de la Divinité,

vinité, & la fidélité de ſes ſujets, elle
eſpéroit pouvoir y faire face de tous côtés;
qu'au ſurplus, comme leur trame ne la
regardoit pas perſonnellement, mais tout
le Roïaume, la juſtice qu'elle devoit à ſes
ſujets exigeoit, pour l'intérêt de ceux qui
lui étoient fidéles, qu'elle ſévît contre
ceux qui oublioient leur devoir : deſorte-
qu'elle avertiſſoit que quiconque y man-
queroit ſeroit traité avec la derniére rigueur.

Effectivement les Eſpagnols firent cette
année une deſcente en Irlande. *Arthur
Grey*, qui en étoit Vice-Roi, apprit que
ſept-cents Eſpagnols & Italiens, au nom
du *Pape* & de *Philipe* II. y étoient dé-
barqués, ſans la moindre réſiſtance, ſous
les ordres d'un Italien nommé *St. Joſeph*;
& que celui-ci s'étoit retranché ſous un
fort qu'il nommoit le *Fort de l'Or*. Le
Comte d'*Ormond*, qui n'en étoit pas loin,
fit quelques priſonniers ſur l'ennemi.
Ceux-ci déclarérent qu'ils avoient apporté

porté des armes pour cinq ou fix-mille hommes,qui devoient chaffer les Anglois de l'Ifle. Le Comte, ne fe trouvant pas affez fort pour affiéger les ennemis, fe contenta de les inveftir, jufqu'à-ce-que le Vice-Roi, qui étoit en pleine marche, pût le joindre. Peu après le fiége fe fit dans toutes les formes ; & le fort fe rendit le cinquiéme jour à difcretion. Les Anglois fouillérent leur victoire par les cruautés qu'ils exercérent. Sous pétexte qu'ils ne pouvoient, fans beaucoup d'embarras, garder tant de prifonniers, ils pafférent les Efpagnols au fil de l'épée, & pendirent tous les Irlandois.

Ce fût dans cette année 1580, que *François Drake* revint du long voïage qu'il avoit entrepris en faifant le tour du monde. Il avoit navigé fur les mers du Nord & du Sud en Amérique, & en rapportoit des tréfors immenfes qu'il avoit enlevé aux Efpagnols en lingots d'or & d'argent. Il arriva au mois de Novembre ;

O - &

& d'abord la Reine le fit Chevalier, &
eût la complaifance de diner dans le vaiffeau qui avoit fait un aufſi long voïage.
Elle le fit enfuite placer près de Deptford,
& ordonna qu'on y pofât une infcription
qui en perpétuât la mémoire.

L'an 1585, la France & les Païs-Bas
étoient prefqu'en feu. Tout y étoit en
combuſtion, tandis qu'*Elizabeth* ne fongeoit qu'à pourvoir à fa fûreté, & à celle
de fes fujets, en affiftant les Huguenots
& les Confédérés. Elle prévint auſſi,
par un traité avec le Roi d'Ecoffe, les
coups qu'on eût pû lui porter fi le Roi
d'Efpagne & le Duc de Guife fe fuffent
rendus maîtres de ce Roïaume.

L'année fuivante, peu après la conclu-
fion de ce traité, *Elizabeth* découvrit en
Angleterre une confpiration, qui coûta la
vie à la pauvre *Marie Stuart* Reine d'E-
coffe. Come différens auteurs ont traité
cette matiére, je n'en rapporterai que les
particularités

particularités les plus eſſentielles ; &
commencerai par le Décrét de Commiſſion
que publia la Reine d'Angleterre pour
l'inſtruction du procès de ſa rivale. En
voici la traduction :

*E L I Z A B E T H, par la grace de
Dieu, Reine d'Angleterre, de France, &
d'Irlande . . . . . . Au très-révérend Pére
en Jéſus-Chriſt* JEAN ARCHEVEQUE DE
CANTORBE'RY, *Primat & Métropolitain
de toute l'Angleterre, Membre de Nôtre
Conſeil privé : Et à Nôtre féal & bien-
aimé le* CHEVALIER BROMLEY, *Chan-
celier d'Angleterre . . . . Salut,*

*Comme la vingt-ſixiéme année de Nôtre
Régne on a paſſé un Acte qui porte . . . .*

(Ici l'Acte étoit rapporté tout au long.)

*Et Comme, depuis le prémier de Juin de
la vingt-ſeptiéme année de Nôtre Régne, on
a machiné toutes ſortes de moïens tendans à*
O 2 *nous*

nous faire tort ; & n'ignorant pas qu'à la tête de toutes ces perfides manœuvres sè trouve MARIE, *fille & héritiére de* JAQUES V. *Roi d'Ecoffe, (qui ose usurper le titre d'héritiére du Roïaume d'Angleterre), avec d'autres personnes qui y sont entrées de son aveu : Et comme Nôtre intention est de mettre le susdit Acte en force dans tous ses points, suivant sa forme & teneur ; & que Nous voulons qu'on examine avec soin tout ce qui peut y avoir contrevenu, pour en juger & porter sentence en conséquence : Nous vous donnons à vous, & à la plus grande partie de vous, plein & absolû pouvoir, permiffion & autorité, conséquemment à la teneur du susdit Acte, d'examiner tout ce que la dite* MARIE *peut avoir fait, imaginé, ou cabalé, contre Nôtre Personne Roïale, ou toute autre personne de son aveu, & d'en ramaffer soigneusement toutes les circonstances. Voulons qu'ensuite vous prononciez jugement sur les faits & les preuves, ainsi qu'il vous apparoîtra. Nous vous ordonnons donc de fixer*

fixer un jour, & un lieu, pour vous affembler à ce fujet ; & procéder en conféquence de Nos ordres.

Il eſt bon de remarquer que le grand Tréforier *Burleigh*, & le fécrétaire *Wal-fingham*, deux des plus intimes Miniſtres d'*Elizabeth*, étoient du nombre des Commiſſaires. Ils étoient conuus pour ennemis déclarés de la Reine d'Ecoſſe : & il y a même beaucoup d'apparence que c'étoient eux qui avoient porté *Elizabeth* à lui faire fon procès. D'autant-plus que, comme on a peine à fe figurer que cette Princeſſe eût hazardé une pareille démarche fans en délibérer avec fon confeil, il eſt naturel de penfer qu'elle n'eût pas dû nommer fes propres Miniſtres pour juger cette Reine infortunée. Il eſt vrai que comme elle vouloit être fûre du fuc-cès de cette affaire, elle étoit perfuadée que l'autorité de fes Miniſtres fuffiroit pour emporter la balance, fuppofé que quelqu'autre des juges parût biaifer.

Trente-

Trente-fix des Commiſſaires s'étant aſſemblés l'onze d'Octobre au château de *Fotheringhay* dans le Comté de *Nor-thampton*, envoïérent à *Marie d'Ecoſſe*, le Refcript de la Reine. Elle leur répondit, après l'avoir lû, " Qu'elle étoit " fâchée qu'on eût fait à la Reine fa " fœur de faux rapports fur fon fujet ; " qu'elle s'étoit toûjours doutée que c'é-" toit à elle qu'en vouloit l'aſſociation " & l'acte du Parlement, & qu'on la " rendroit refponfable de tout ce qui fe " machineroit dans les païs étrangers ; " qu'il étoit fingulier que la Reine d'An-" gleterre la confidérât comme une de " fes fujettes, & prétendît avoir droit " de lui faire fon procès ; qu'elle étoit " une Souveraine, & une Reine auſſi " bien qu'*Elizabeth* ; & qu'elle ne con-" fentiroit jamais à rien qui pût dégra-" der la Majefté du trône, faire tort à fon " fils, ou manquer à ce qu'elle fe devoit " à elle-même : que, d'ailleurs, elle ne " connoiſſoit abfolûment rien ni aux

" loix,

" loix, ni aux coûtumes d'Angleterre,
" & qu'il ne feroit pas aifé de trouver
" *fes pairs* pour la juger ; qu'elle n'avoit
" perfonne qu'elle pût confulter ; &
" qu'on lui avoit enlevé tous fes papiers;
" que jamais elle n'avoit cherché à fou-
" lever perfonne contre *Elizabeth*, &
" qu'elle ne fe fentoit coupable d'aucun
" crime ; qu'on ne pouvoit la convaincre
" que fûr ce qu'elle avoit dit ou écrit ;
" & que conféquemment elle étoit cer-
" taine qu'on ne pouvoit rien lui produire
" de criminel, excepté d'avoir recom-
" mandé fes intérêts aux Puiffances
" étrangéres; ce qu'elle avoüoit de bonne
" foi."

Le lendemain les Commiffaires lui firent paffer une copie de fa réponfe. Après
l'avoir lûë, elle leur dit, " Qu'elle étoit
" fidelle ; mais qu'elle avoit oublié un
" point principal, qui étoit, que dans fa
" lettre *Elizabeth* prétendoit qu'elle fût
" fujette anx loix d'Angleterre, parce-
" qu'elle

" qu'elle s'y étoit refugiée depuis long-
" temps ; mais que tout le monde fa-
" voit qu'elle n'y étoit venuë que pour
" implorer l'affiftance de la Reine fa
" fœur, qui avoit eu la cruauté de l'y
" détenir prifonniére ; qu'on ne pou-
٠ voit donc alléguer qu'elle y eût vécû
" fous la protection des loix, auxquelles
" même elle n'avoit jamais bien pû rien
" comprendre."

En un mot, elle fût deux jours à difputer fur la légalité de fes juges, niant
qu'en aucun cas *Elizabeth* pût avoir
d'autre autorité fur elle qu'autant qu'elle
vouloit bien s'en arroger. Elle perfifta
même dans ces fentimens, après qu'on
l'eût menacéé de la juger par contumace,
fuppofé qu'elle ne comparût pas. A la
fin, l'un des Commiffaires nommé *Hatton* fçût ébranler fa réfolution. Il lui dit,
" Qu'à la vérité elle étoit accufée, mais
" qu'elle n'étoit pas condamnée ; que fi
" elle étoit innocente elle faifoit un tort
" infini

" infini à fa réputation, en refufant de fe
" foumettre à un jugement; que la
" Reine feroit enchantée qu'elle pût fe
" laver de ce qu'on lui imputoit; l'aïant
" ouï de la propre bouche de S. M. lorf-
" qu'il en avoit pris congé."

Si l'infortunée *Marie* eût eu un Avocat,
il lui eût fans-doute apris que le difcours
de *Hatton* ne tendoit qu'à la faire tomber
dans le piége; & qu'il ne fongeoit qu'à
lui extorquer une réponfe, afin qu'on pût
la condamner définitivement. Au-lieu
que fi elle eût perfifté à méconnoître l'autorité d'*Elizabeth*, elle eût mis celle-ci
dans de grands embarras. Quoique cette
Princeffe eût réfolu la mort de *Marie*,
elle étoit cependant bien aife d'y donner
une apparence de juftice, pour adoucir
autant que poffible le blâme d'un pro-
cédé auffi inouï. Une fentence par def-
faut n'eût jamais opéré cet effet; d'autant plus que perfonne n'ignoroit combien la Reine d'Ecoffe étoit fondée dans

P   les

fes objections. Au-refte elle tint bon jufqu'au 14 Octobre, qu'elle fit venir quelques-uns des Commiffaires, auxquels elle dit que *Hatton* avoit fçû la convaincre qu'il étoit de fon intérêt de faire connoître fon innocence ; leur ajoûtant qu'elle étoit prête à comparoître devant . eux pourvû qu'ils admiffent fes proteftations ; ce à quoi ils confentirent fans approuver cependant les raifons fur lefquelles elle les appuïoit.

Je ne rapporterai pas ici les détails de fon procès, parce-qu'on les trouve dans toutes les hiftoires d'Angleterre. Je dirai feulement qu'elle fût condamnée à perdre la tête; & qu'enfin fon exécution fût fixée au 8 Février 1587.

Je crois faire au public un préfent de conféquence, en lui donnant ici un morceau unique tiré d'un des ouvrages du célébre Monfieur CHARLES HOWARD de Grayftock, Héritier préfomptif de

Mylord

Mylord *Duc de Norfolk,* dont la bonté du cœur & l'étenduë des connoiſſances l'emportent ſur tout ce qu'on peut dire. Je n'y changerai rien ; & me contenterai de traduire un fait auſſi intéreſſant tel que je l'ai trouvé dans ſon Livre des *Anecdotes Hiſtoriques de la Maiſon de* HOWARD : Livre que ce tendre pére a dédié à un fils digne par tous endroits de ſes bontés. On trouve cet article à la page 36 de l'Ouvrage.

AUX

Aux tre's-hauts et tre's-puis̱-
sans Le Chevalier Cecil, et Le
Lord Burghlyffe, Grands-Tre'-
soriers d'Angleterre.

Pour obéïr aux ordres qu'il vous a
plû me fignifier, de coucher par écrit la
forme & les particularités de l'exécution
de la Reine *Marie* d'Ecoffe, arrivée le 8
Février 1587, dans la grande falle du Palais de Fotheringhay ; J'ai d'abord mis la
main à la plume ; & je n'ai, fuivant vos
intentions, omis aucun des difcours pro-
noncés par cette illuftre malheureufe.
J'y ai joint jufqu'aux moindres circonftances qui pouvoient être rélatives au
fait, depuis le moment qu'elle fût remife
entre les mains de Monfieur *Thomas Andrews*, prémier Shériff du Comté de Nor-
thampton, jufqu'à celui de fon exécution.

Les

Les Comtes de *Kent* & de *Shrewfbury*, avec les Chevaliers *Pawlett* & *Drewry*, fes Gouverneurs, lui aïant fignifié qu'elle devoit fe préparer à mourir le huit de Février fuivant, elle n'en parût nullement émuë ; du-moins aucun gefte extérieur n'en fit-il rien remarquer. Elle fembla fe réjouïr au contraire d'apprendre que fa fin approchoit ; & reçût d'un air riant, & fans fe décontenancer, une nouvelle à laquelle elle avoüa qu'elle ne s'attendoit pas. Tout ce qu'elle dit fût qu'elle étoit prête à mourir, puifque c'étoit le bon plaifir de la Reine ; & que quiconque n'avoit pas affez de force pour foûtenir la douleur momentanée d'une exécution, ne méritoit pas de prétendre aux joïes du Ciel. A ce peu de paroles un morne filence fuccéda, & cette Princeffe fe mit à pleurer amérement.

Le jour fatal étant arrivé, le lieu, le temps, & l'heure même de l'exécution aïant été fixés, la Reine d'Ecoffe, qui étoit

étoit grande, avoit beaucoup d'embon-
point, les épaules rondes, le vifage plein
& large, avec un double menton, & les
yeux gris ; cette Reine, dis-je, parût re-
vêtuë de cette forte :

Une faufſe treſſe de cheveux fuppor-
toit fa coëffure, qui étoit d'une batiſte
des plus fine, garnie de dentelles. Elle
avoit au col une chaine garnie d'un *Agnus
Dei*, un crucifix à la main, & un chapelet
à la ceinture, auquel pendoit un crucifix
d'or. Elle portoit un voile de batiſte, &
une 'efpéce de fraife à l'Efpagnolle. Sa
robe étoit de fatin noir à fleurs, avec une
lòngue queüe, & des manches qui pen-
doient jufqu'à terre, garnies d'une rang
de boutons de jaïets mêlés de perles.
Cette robe avoit auffi d'autres manches
plus courtes de fatin noir, & d'autres
fous celles-ci de velours couleur de pourpre. Son mouchoir étoit de fatin noir
à fleurs ; fa juppe de fatin cramoifi ; fon
juppon de deffous de velours de la même
couleur ;

couleur ; fes fouliers de cuir d'Anda-
loufie travaillés à l'envers. Elle portoit
des jarretiéres de foïe verte ; des bas de
laine couleur d'eau à coins d'argent ; &
deffous ceux-ci une autre paire de laine
blanche de Jerfey.

Telle étoit la parure de *Marie* d'Ecoffe
lorfqu'elle fortit de fon apartement, pour
marcher à l'échaffaut. Elle avoit un air
de férénité, qui tiroit fur la joïe, fans paroître fonger à vouloir s'y oppofer ou
même prolonger le temps. Auffi s'ache-
mina-t-elle fans émotion vers le lieu def-
tiné à fon exécution. Le Chevalier
Pawlett avoit choifi deux de fes Gentils-
hommes pour lui donner le bras, de fon
apartement à une anti-chambre con-
tiguë à la grande falle ; & le prémier
Shériff *Andrews* la précédoit. A-peine
y fût-elle arrivée qu'elle y vit venir les
Comtes de *Kent* & de *Shrewfbury*, avec
les Chevaliers *Pawlett* & *Drewry* fes Gouverneurs ; ainfi-que d'autres Chevaliers

&

& Gentils-hommes d'un certain rang, nommés par la Reine *Elizabeth* pour affifter à fon exécution. En entrant, ces feigneurs s'apperçûrent qu'un certain *Melvin*, un de fes domeftiques, étoit à fes genoux, où il fe tordoit les bras, fondant en larmes, & parlant ainfi à cette Reine infortunée :

" Hélas ! Madame, que le fort me
" traite bien cruellement! Jamais homme
" fe vit-il porteur d'une auffi trifte nou-
" velle ? Ceux qui m'écouteront ne fe
" fentiront-ils pas dreffer les cheveux
" fur la tête, quand je leur apprendrai
" que ma Reine, ma maîtreffe, enfin que
" la meilleure des femmes, vient d'être
" décapitée en Angleterre?" Ses fanglots l'empêchérent d'en dire davantage.

Sur quoi la Reine, laiffant auffi couler fes larmes, lui répondit : " Ceffe de me
" plaindre, mon cher *Melvin*. Ne vois-
" tu pas que tu aurois bien plûtôt raifon
" de

" de te réjouïr de la fin de mes mal-
" heurs ? *Marie Stuart* touche à fon
" dernier moment, & fon fort n'eft plus
" incertain. Comme je t'ai toûjours
" connu auffi bon Chrétien que fidéle
" ferviteur, tu ne peux ignorèr que tout
" n'eft ici-bas que vanité, & que nous-
" nous y voïons expofés à tant de foucis,
" qu'une mer de larmes pourroit à-peine
" les effacer. . . . N'oublie pas d'affûrer
" le public que je meurs ferme dans ma
" Religion, & fidelle à l'Ecoffe, ainfi-
" qu'à la France, qui n'auront pas à
" rougir de moi. Je pardonne ma mort
" à mes ennemis, qui la defiroient de-
" puis long-temps, & brûloient de la
" foif de mon fang, comme la terre
" brûle de celle de la pluïe. . . . . Grand
" Dieu ! (*s'écria-t-elle alors*) tu fais que
" je n'ai jamais fongé à réünir l'Angle-
" terre à l'Ecoffe. . . . . Toi, mon cher
" *Melvin,* affûre mon fils de toute ma
" tendreffe ; & dis-lui que je n'ai ja-

Q   " mais

" mais rien fait qui puiffe lui nuire, ni
" à fon Roïaume."

Recommençant enfuite à pleurer ;—
Adieu mon bon Melvin ; lui dit-elle. Puis,
les yeux tous baignés de larmes, qui inon-
doient fes joües, elle l'embraffa. *Adieu,*
encore une fois ; lui répéta-t-elle. *Prie*
Dieu pour ta Maîtreffe & pour ta Reine.

Alors, fe tournant vers les feigneurs
qui étoient préfens, elle leur dit qu'elle
avoit certaines chofes à leur demander.
La prémiére étoit une fomme d'argent
qu'*Amias Pawlett* favoit être dûë à
Charles, l'un de fes domeftiques, qu'elle
defiroit lui être païée ; outre cela elle
fouhaitoit qu'on donnât à fes gens ce
qu'elle leur avoit laiffé par fon teftament ;
qu'on n'en agît pas mal avec eux ; &
qu'on eût foin de les faire repaffer fûrement dans leur païs. *Voilà, mes bons*
feigneurs, continua cette Princeffe, *ce que*
j'efpére que vous ne me refuferez pas.

Le

Le Chevalier *Pawlett* lui répondit qu'il étoit inftruit de la dette dont elle avoit fait mention; & l'affûra qu'il auroit foin qu'elle fût acquittée.

Elle ajoûta aux Lords, qu'il lui reftoit encore une grace à demander, qui étoit, qu'il fût permis à fes femmes d'être près d'elle dans fes derniers momens, afinqu'elles puffent être témoins oculaires de la fermeté avec laquelle leur Reine & leur Maîtreffe tendroit le col au Bourreau, en rendre compte dans leur païs, & affûrer tout le monde qu'elle étoit morte bonne Catholique.

A quoi le Comte de *Kent* répondit,
" Madame, il pourroit y avoir des in-
" convéniens à vous accorder ce que
" vous venez de demander, dans la
" crainte que quelques unes de ces
" femmes ne vinffent à parler ou à fe
" conduire de façon à vous caufer du
" chagrin, & à nous de l'embarras,

Q 2 " comme

" comme nous l'avons déjà éprouvé.
" Car, suppofé que nous y confentions,
" il y a à parier que nous verrions mille
" momeries, ou que, du-moins, ces
" femmes voudroient tremper leurs
" mouchoirs dans vôtre fang ; ce qui
" ne conviendroit pas."

" Mylord," repliqua la Reine d'E-
coffe, " je vous engage ma parole qu'-
" elles n'en feront rien, & qu'on n'aura
" pas lieu de fe plaindre d'elles. Je fais
" combien elles feront flattées de pouvoir
" prendre congé de leur Maîtreffe : &
" j'efpére," continua-t-elle au Comte de
Kent, " que comme la Reine d'An-
" gleterre eft fille, elle ne trouvera pas
" mauvais, par égards pour fon propre
" fexe, que j'aïe quelques uns de mes
" gens autour de moi au moment de ma
" mort. Je fuis même perfuadée que
" vos ordres ne font pas fi précis que
" vous ne puiffiez accorder une auffi
" mince faveur à la Reine d'Ecoffe."

S'appercevant

S'appercevant qu'on faifoit encore quelques difficultés, elle fondit en larmes, en s'écriant ; " Je fuis Coufine de la Reine " vôtre Maîtreffe, defcenduë comme elle " du fang Roïal d'*Henri* VII. Veuve " d'un Roi de France, Reine, & Mére " du Roi d'Ecoffe ! . . ."

Après quelques momens de délibération entre les deux Comtes & les autres Commiffaires, on lui permit d'avoir quelques uns de fes domeftiques près d'elle, ainfi-qu'elle l'avoit defiré. Ces pauvres gens la fupplioient de choifir entr'eux fix de ceux qui lui étoient les plus chers. Elle nomma quatre hommes & deux femmes. Parmi les prémiers fûrent *Melvin*, fon apothicaire, fon chirurgien, & un autre vieillard : & parmi fes femmes elle prit les deux qui avoient coûtume de coucher dans fa chambre.

Enfuite la Reine, conduite par deux des Gentils-hommes, du Chevalier *Pawlett,*

lett, comme on l'a dit plus haut, *Melvin* lui portant la queüe ; & accompagnée de la fuite des Comtes de *Kent* & de *Shrewf-bury*, aïant à leur tête le prémier Shé-riff ; entra dans la falle du château de Fotheringhay, fans fe décontenancer, ni fans que le lieu femblât lui infpirer la moindre terreur, non plus que les per-fonnes qu'elle y trouva occupées à faire les préparatifs de fon exécution.

Cette Princeffe monta avec intrépidité fur l'échaffaut, qui étoit de deux pieds de haut, fur fept de large, & entouré d'une baluftrade couverte de drap noir. On y avoit mis une chaife fort baffe, avec un couffin & un bloc, auffi couverts de noir. On lui avança la chaife, fur laquelle elle s'affit, aïant à fa droite les Comtes de *Kent* & de *Shrewfbury* ; à fa gauche, le Shériff *Andrews* ; & vis-à-vis d'elle les deux Bour-reaux. L'échaffaut étoit environné des Chevaliers, Gentils-hommes & autres fpectateurs.

Chacun

Chacun aïant alors fait filence, Mr. *Beale*, fecrétaire du Confeil, lût le Décrêt émané pour fon exécution : ce qui fût fuivi d'une exclamation du peuple, qui s'écria VIVE LA REINE ! *Marie* en écouta la lecture dans le plus profond filence, fans paroître y faire plus d'attention que s'il n'eût pas été queftion d'elle. Au contraire, cette infortunée Princeffe avoit l'air auffi content que fi on lui eût apporté la nouvelle de fa grace : & l'on auroit prefque crû qu'elle ne favoit rien des coûtumes ni de la langue des Anglois. Alors le Docteur *Fletcher*, Doïen de Peterborough qui étoit debout, vis-à-vis d'elle, au dehors de la baluftrade, faifant une profonde révérence, lui addreffa le difcours fuivant.

EXHOR-

EXHORTATION

Du Docteur FLÉTCHER *à la Reine*
MARIE *d'Ecosse.*

MADAME,

SA Majefté la Reine, mon Augufte
Maîtreffe, que Dieu veuille préferver
long-temps pour régner fur nous, aïant,
malgré tous vos attentats contre fa Perfonne Sacrée, fon Roïaume, & fes miniftres, à cœur le falut de vôtre ame ; en
même temps qu'elle veut que juftice fe
faffe : l'intérêt, dis-je, que la Reine prend
à cette ame immortelle, qui, au moment
de fa féparation d'avec le corps, doit ou
être éternellement réünie à *Jéfus-Chrift,*
ou périr pour jamais ; l'engage à vous
offrir ici les fecours que le Dieu Tout-
puiffant

puiffant eft toûjours difpofé d'accorder aux Chrétiens qui joignent la foi au re- pentir : & j'ofe vous conjurer, par les entrailles de nôtre fauveur, de vouloir bien réfléchir férieufement à *trois chofes*. La *prémiére* eft la fituation où vous-vous trouvez dans ce moment où toutes ces vaines apparences de grandeur, auxquelles vous êtes accoûtumée, vont s'évanouïr. La *feconde* que vous touchez à l'inftant de vôtre mort, & que vôtre corps eft périf- fable. La *troifiéme* que vous voilà prête d'entrer dans l'éternité, qui doit décider de vôtre bonheur ou de vôtre malheur pour toûjours.

Quant au *prémier article*, Madame, permettez-moi de vous dire, avec le Roi Prophête, Oubliez-vous vous-même, ou- bliez vôtre propre peuple, & la maifon de vôtre pére. Oubliez la grandeur de vôtre naiffance, & ne vous reffouvenez pas que vous defcendez d'un fang roïal, & que vous avez été fur le trône : alors

R   le

le Roi des Rois fe délectera dans vôtre
beauté fpirituelle. Regardez tout ce qui
eft ici-bas comme de la poufliére & du
fumier, afin que Dieu vous trouve. Ne
vous repofez pas fur vôtre propre droi-
ture qui eft defectueufe & fouillée, mais
fur celle de Dieu, par vôtre foi en Jéfus-
Chrift fon fils, fur tous ceux qui croïent
en ce divin fauveur ; afin que vous puiffiez le connoître ; & le connoître eft la
vie éternelle. Prenez-vous-y de façon
que fa réfurrection vous affûre un bonheur qui ne finiffe jamais ; & tâchez que
fa paffion, fi vous fouffrez avec lui, vous
méne à être glorifiée avec lui, pour avoir
fçû vous conformer à fes facrés décrêts.
Faites qu'en vous uniffant à fes fouffran-
ces vous puiffiez mourir au péché, &
vivre à jamais à la grace. Et afin, Madame, que cet être fuprême ne vous juge
pas dans l'autre monde, repentez-vous de
tous vos crimes, & de toutes vos mé-
chancetés. Rendez juftice à la juftice
qu'on va exercer fur vous, ainfi-qu'à la
                                    bonté

bonté que vous a toûjours témoignée la
Reine : & avoüez les différentes faveurs
dont S. M. vous a comblée dans tous les
temps. Ne perdez pas des yeux Jéfus-
Chriſt à l'arbre de la croix : cette vûë
vous préparera dignement à la mort.
Quand-bien vos crimes, Madame, égale-
roient le nombre des grains de fable fur
le bord de la mer, quand ils feroient de la
nature la plus atroce, & rouges comme le
fang ou l'écarlatte ; fi vous avez confiance au Pére, fa miféricorde, par la patience & l'obéïffance de Jéfus-Chriſt fon
fils, & la fanctification du St. Efprit, les
effacera tous, vous rendra blanche comme
la neige, & ils feront tous oubliés. Aucun homme fur terre n'a le pouvoir de
vous abfoudre de ces crimes : Jéfus-
Chriſt feul, par la foi que vous aurez en
lui, peut faire vôtre paix avec Dieu, &
vous accorder tous les fecours fpirituels
qui vous font néceffaires.

R 2 *Secondement,*

Secondement, je fupplie vôtre Grandeur
de vouloir bien confidérer l'état préfent
où elle fe trouve, au moment de la mort,
avec une ame immortelle. Vous quittez ces
bas lieux pour n'y plus reparoître. Vous allez dans un païs où tout eft oublié. Vous
allez rentrer en terre, où les vers feront
vos fœurs, & la corruption vôtre pére :
&, comme difoit *Job*, l'arbre doit refter
où il s'abbat, foit au fud de la vie, & au
milieu de l'abondance ; ou vers le nord
de la mort, & au centre de la trifteffe. Il
faut, fans perdre un inftant, vous élever
à Dieu ; fans quoi vous tomberez dans les
ténébres éternelles, où vous n'entendrez
que pleurs, fanglots, horreurs, & grince-
mens de dents ! Il ne fera plus temps
alors de conclurre vôtre paix avec le Ciel.
Vous ne pourrez plus faire pénitence.—
Vous exiftez encore ; mais dans un moment vous ne ferez plus. Profitez donc
de ce jour ; que dis-je ? de cette heure.
N'endurciffez pas vôtre cœur, fi vous
voulez que la voix de Dieu s'y faffe entendre. Les voiles de la mort font déjà

répandus

répandus fur vôtre tête : la coignée eft
au pied de l'arbre : le Juge fuprême vous
attend fur fon trône : le livre de vie, où
font écrites toutes vos actions, eft devant
fes yeux : il eft tout prêt à prononcer
vôtre fentence. Mais fi vous implorez
fa miféricorde par les mérites de l'obéïffance de Jéfus Chrift, fi vous cherchez à
les appliquer à vôtre pauvre ame par le
fecours de la foi, Jéfus-Chrift devienda
pour vous une fource de vie. Vôtre
mort fera vôtre bonheur, en vous con-
duifant à une gloire éternelle. Vous ne
ferez que paffer de cette vie mortelle &
périffable à une qui ne finira jamais. A-
préfent, Madame, oui, dans le moment
que je vous parle, Dieu vous ouvre la
porte du Ciel. C'eft un Roïaume célefte qu'il vous offre, en place de celui
que vous quittez fur terre ; qui, en
comparaifon du prémier, n'eft qu'obfcu-
rité, & reffemble à l'ombre de la mort.
Ne vous en fermez donc pas l'entrée par
l'endurciffement de vôtre cœur ; & n'of-
fenfez

fenfez pas la Divinité, prête, en vous ac-
cordant le falut, à combler vos efpérances.

En *troifiéme lieu*, Madame, je prie vôtre
Grandeur de confidérer mûrement le
préfent & l'éternité. Il s'agit de reffuf-
citer avec Jéfus-Chrift, & d'entendre ces
douces paroles: *Venez ô bénis de mon Pére!*
ou de vous voir condamnée à des tour-
mens qui ne finiront jamais, par ces paroles foudroïantes : *Allez, maudits, dans les*
flammes éternelles ! Il s'agit d'être à fa
droite parmi les brebis chéries, ou à fa
gauche parmi les boucs deftinés à fa ven-
geance : d'être renfermée auffi précieufe-
ment que le bled dans fa grange, ou
d'être jettée avec l'ivroïe dans une four-
naife ardente. Heureux font ceux qui
meurent dans le feigneur ! & vous y
mourrez fi vous avez la foi, & fi vous
êtes avec le Chrift, qui s'eft facrifié pour
vos péchés, & s'eft offert pour vôtre ré-
demption. Mettez, Madame, toute vôtre
confiance dans les mérites de la mort de
ce

ce divin Rédempteur. C'eft lui qui eft la vraie pierre de touche, & le flambeau le plus fûr pour vous guider dans les voïes de la paix. Jéfus-Chrift étoit hier, eft aujourdui, & fera toûjours le même. C'eft fur lui que font fondées toutes les promeffes de Dieu. L'Ecriture rend témoignage que nous & fon Eglife obtiendrons le pardon de nos fautes, fi nous avons la foi à fon précieux fang. C'étoit à lui que s'addreffoient tous les Saints dans le fort de leurs perfécutions. Il les a écoutés, & leur a donné du fecours. Ils ont tous eu confiance en lui : auffi ne les a-t-il jamais abandonnés. Toutes les autres citenres font percées, & ne peuvent contenir l'eau falutaire de la vie. Le nom du feigneur eft une tour forte où les juftes fe refugient & trouvent un afyle fûr. Je vous conjure donc, Madame, de le glorifier dans ce terrible paffage ; afin qu'après il vous glorifie éternellement. Joignez, je vous prie, vos priéres aux nôtres, aux pieds du trône

des

des miſéricordes. Cela nous remplira l'ame d'allégreſſe ; & vôtre converſion s'en ſuivra. Dieu jettera un regard de bonté ſur vous, & vous donnera ſa paix.

La Reine d'Ecoſſe interrompit trois ou quatre fois le bon prêtre pendant le fil de cette exhortation. " Monſieur le " Doïen," lui dit-elle, " n'aïez aucune " inquiétude à mon ſujet : épargnez- " vous toutes ces peines ; car il eſt bon " que vous ſachiez que je meurs dans. " l'ancienne Religion Catholique Ro- " maine : & j'eſpére, avec la grace de " Dieu, de verſer mon ſang pour la dé- " fendre."

Sur quoi le Doïen lui répondit ; "Chan- " gez de ſentimens, Madame. Repen- " tez-vous de vos torts, & prenez pour " vôtre foi que ce n'eſt qu'en Jéſus- " Chriſt ſeul que vous eſpérez vôtre ſa- " lut."

" Au

" Au nom de Dieu," lui repliqua-t-
elle avec vivacité, " Monſieur le Doïen
" laiſſons-là ce chapitre. Je ſuis née
" Catholique, j'ai vécû Catholique, &
" je veux mourir Catholique."

Les deux Comtes s'appercevant alors
que l'exhortation du Doïen, ſembloit lui
faire de la peine, lui dirent : " Eh
" bien ! Madame nous allons prier pour
" vôtre Grandeur, avec Monſieur le
" Doïen, qu'il plaiſe à Dieu d'éclairer
" vôtre cœur, de ſe faire connoître à
" vous tel qu'il eſt, & de vous dévelop-
" per ſa parole dans toute ſa pureté,
" afin que vous y puiſſiez mourir.

Sur quoi la Reine leur répondit ; " Je
" vous aurai, Mylords, obligation de
" prier pour moi, & le regarderai comme
" une faveur de vôtre part. Mais vous
" me diſpenſerez de joindre mes priéres
" aux vôtres, parce-que nous ne ſommes

S   " pas

" pas de la même Religion ; & je croi-
" rois faire un péché."

Alors les Lords rappellérent le Doïen,
& le priérent de dire ce qu'il jugeroit à-
propos. Sur quoi cet Eccléfiaftique fe
mit à genoux fur les gradins de l'échaffaut, & récita la priére fuivante :

*O ! Dieu de graces, Pére de miféricordes,
qui par ta bonté infinie, pardonnes aux pé-
cheurs qui fe repentent fincérement, & qui
oublient leurs crimes ; ouvre, nous t'en conjurons, les yeux de ta miféricorde, & daigne
les tourner fur cette perfonne condamnée à
mort, dont jufqu'ici les facultés fpirituelles
ont été fermées à ta lumiére célefte, au point
qu'elle ne participe pas à tes graces en Jéfus-Chrift, étant encore dans un aveugle-
ment profond, & dans l'ignorance la plus
craffe des chofes du Ciel : ce qui eft une
marque infallible qu'elle a encouru ton dé-
plaifir, à-moins-que l'étenduë de ta miféricorde ne l'emporte fur la févérité de tes
jugemens.*

jugemens. Cependant, ô Souverain Maître de l'Univers, ne lui impute pas, nous t'en supplions, ces fautes qui l'éloignent de la source de tes miséricordes. Et, si tes décrets éternels & ton bon plaisir ne s'y opposent pas, daigne, Seigneur, nous t'en conjurons, lui accorder cette miséricorde qui environne ton trône. Ouvre les yeux de son ame, afin qu'elle puisse te connoître, & se convertir. Accorde lui tes secours célestes, si c'est ta volonté. Que ton Saint Esprit l'éclaire, afin qu'elle puisse voir combien le Seigneur est bon. Nous savons que tu ne cherches pas la mort du pêcheur, mais sa conversion & sa vie. Aussi tout l'Univers glorifiera-t-il ton saint nom. Prends pitié d'elle, & purifie tout ce que tu y trouveras de corrompu, soit par sa propre fragilité, soit par les ennemis de ton Evangile. Visite-la ô Dieu de bonté, si c'est ton bon plaisir ; & donne-lui la santé comme tu fis au bon larron à côté de la croix, lequel tu voulus bien assurer, malgré tous ses crimes, qu'il seroit encore le même jour en Paradis

avec

avec toi. Parle de paix à son ame, comme tu parlas à David ton serviteur, auquel tu dis que tu étois son salut. Ta miséricorde étant encore plus puissante sera encore plus renommée. Accorde-nous-la, Seigneur, à nous qui sommes tes serviteurs, pour l'accroissement de ton Roïaume, & ta gloire présente. Nous te supplions en outre très-humblement de vouloir bien conserver en paix & en sûreté ELIZABETH *ta servante, nôtre Reine & Maîtresse. Confonds ses ennemis, & détruis leur malice. Continue à faire régner, par son canal, la justice parmi nous, en protégeant sa puissance : & nous serons pour le présent & le futur toûjours, sous le bouclier de ta fidélité & de ta vérité, à l'abri des embuches de nos ennemis. Que ton nom soit béni, & que ta miséricorde éclate, ô Dieu de toute éternité. Amen !*

Excepté la Reine d'Ecoffe & fa fuite, toute l'affemblée répéta cette priére après le Doïen. *Marie* étoit affife fur une chaife,

chaife, aïant un *Agnus Dei* au col, un crucifix à la main, & un chapelet pendu à fa ceinture avec une croix d'or au bout. Elle tenoit en mains des Heures latines. Ainfi chargée de toutes ces fuperftitieufes babioles, cette Princeffe, fans avoir le moindre égard pour ce que difoit le Doïen, fe mit doucement à prier en latin. Peu après elle répandit des larmes. Puis, élevant davantage fa voix, elle fembla redoubler de ferveur. Cependant, foit que ce fût l'effet de fes pleurs, ou de fa trifteffe, elle gliffa de deffus fa chaife. Alors elle fe jetta à genoux, & récita diverfes autres priéres latines. Cependant elle eût fini avant le Doïen.

Lorfque celui-ci eût achevé, elle fe remit à genoux, & adreffa en Anglois des vœux au Ciel pour l'Eglife de Jéfus-Chrift qui étoit dans l'affliction ; fuppliant la Majefté Divine de mettre fin à fes troubles. Elle fit enfuite des priéres pour le Roi fon fils & la Reine d'Angleterre ;

terre ; souhaitant toutes sortes de prof-
pérités à la derniére, & sur-tout qu'elle
fût dans le bon chemin, pour servir Dieu.
Elle dit ensuite qu'elle espéroit d'être
sauvée par le sang de Jésus-Christ, &
qu'elle alloit répandre le sien aux pieds
de son crucifix, qu'alors elle élevoit de la
main.

Sur quoi le Comte de *Kent* l'interrompit. " Songez Madame," lui dit-il,
" à placer Jésus-Christ dans vôtre cœur,
" comme vous venez de faire tout-à-
" l'heure, & ne vous amusez pas à toutes
" ces momeriés."

Mais *Marie*, sans s'embarasser de ce qu'il
lui disoit, continua ses priéres : &, vers
la fin, elle s'écria en Anglois, qu'elle prioit Dieu d'éloigner sa colére de cette Isle,
& de pardonner aux habitans leurs péchés. Elle ajoûta ensuite qu'elle par-
donnoit de bon cœur à tous ses ennemis,
qui, depuis long-temps, brûloient de la
soif

foif de fon fang; & qu'elle prioit Dieu
de les convertir. Après cela, elle invo-
qua tous les Saints, afin qu'ils intercédaf-
fent pour elle près de Jéfus-Chrift le
Sauveur du monde. Alors elle commença à baifer fon crucifix, & à faire
plufieurs fignes de croix, en prononçant
ces paroles : *Ainfi que les bras de Jéfus-*
Chrift ont été étendus fur cette croix de-
même je te prie, ô mon Dieu ! de me recevoir
dans les bras de ta miféricorde, & de me
pardonner mes péchés.

Enfuite les deux Bourreaux tombérent
à fes genoux, & la priérent de leur pardonner fa mort. *Je vous la pardonne de*
bon cœur, s'écria-t-elle ; *& j'efpére que*
ma mort mettra fin à mes peines.

Aprèsquoi, à l'aide de fes deux femmes,
ils commencérent à lui ôter fa robe. *Ma-*
rie pofa alors fon crucifix fur fa chaife ;
& un des Bourreaux lui ôta du col fon
Agnus Dei ; mais jettant les yeux deffus,
elle

elle dit qu'elle vouloit en faire préfent à
une de fes femmes ; affûrant les Bourreaux qu'elle leur en feroit compter la
valeur en argent. Puis elle permit qu'on
lui ôtât fon collier, ainfi que fes autres
parures, & cela même avec une efpéce
de joïe ; au point qu'en fouriant elle fe
prépara elle-même, & mit une paire de
manches qu'auparavant les Bourreaux lui
avoient paffé rudement ; & elle fe dépê-
choit comme fi elle eût effectivement eu
de l'impatience d'être hors de ce monde.
Jamais, pendant qu'on la' défhabilla, on
ne lui vit changer de contenance. Elle
dit même, en fouriant, que " c'étoit la
" prémiére fois qu'elle avoit eu de pa-
" reils valets de chambre ; & que de fa
" vie elle n'avoit fait fa toilette en fi
" nombreufe compagnie."

S'étant dépouillée de tout ce qui pouvoit l'embarraffer pour fon exécution, &
ne gardant que fes juppes & fa ceinture ;
fes femmes ne pûrent s'empêcher, en jettant

tant les yeux fur elle, de fondre en larmes ; & fe mirent à fanglotter. Après
quoi elles firent un million de fignes de
croix, & récitérent diverfes priéres latines.
La Reine, fe tournant vers elles, & s'appercevant de l'air abbattu qu'elles avoient, les embraffa, & leur dit : *Réjouïffez-*
vous plûtôt, & contentez-vous de recom-
mander mon ame à Dieu. Elle leur donna
enfuite fa bénédiction ; les embraffa ; &
leur demanda de prier pour elle, leur dé-
fendant d'avoir un air fi lugubre : *car,*
continua-t-elle, *je me flatte qu'aujourdui*
toutes les peines de vôtre maîtreffe fini-
ront.

Enfuite, d'un air riant, elle fe tourna
vers les hommes qui avoient été à fon
fervice. *Melvin,* & les trois autres, étoient debout fur un banc tout près de l'é-
chaffaut, tantôt pleurans, tantôt jettans
les hauts cris ; faifans fans-ceffe des fignes
de croix, & mormotans des priéres latines. *Adieu, mes chers enfans,* leur dit-
elle ;

elle ; *Priez Dieu pour moi dans mes der-niers momens.*

Après cela, une de fes femmes prit un linge de *Corpus Chrifti*, le plia en trois, le baifa, le lui mit fur le vifage, & le lui attacha avec des épingles au haut de la tête. Puis, fes deux femmes s'en éloignérent d'un pas morne & lent. Alors la Reine fe mit à genoux fur le couffin : &, fans témoigner la moindre fraïeur de la mort, au contraire d'une voix ferme & réfoluë, prononça ces mots latins : *In te, Domine, fperavi : non confundar in æternum !* Puis, faififfant le bloc, elle y coucha fa tête ; foutenant de fes deux mains fes cheveux ; & on les lui auroit infalliblement coupées fi on ne s'en fût pas apperçû. Elle s'arrangea doucement elle-même fur le bloc : puis, étendant les bras & les mains, elle s'écria trois ou quatre fois, *In manus tuas, Domine !* A la fin, tandis qu'un des Bourreaux la foutenoit légérement d'une main, l'autre lui

porta

porta deux coups avec fa hache, avant de pouvoir lui couper la tête, qui refta même · attachée à un foupçon de cartilage ; ce qui lui fit jetter un léger foupir ; après quoi elle expira.

Tout ceci eft extrait, par Monfieur *Howard*, d'un vieux Manufcript du *Bri-* *tifh Mufeum*. Ce feigneur le rapporte à l'occafion de tout ce qu'ont fouffert fes ancêtres par rapport à leur attachement pour l'infortunée *Marie*.

Qu'on me trouve un homme qui aît jamais affronté la mort avec plus de fermeté, fi l'on veut me nier que les femmes ne foient capables du plus grand héroïfme.

Lorfqu' *Elizabeth* apprit que la Reine d'Ecoffe venoit de perdre la tête, elle en parût au défefpoir. Ce ne fûrent que foupirs, larmes, & gémiffemens de fa part. On auroit dit, à l'air de trifteffe

qu'elle

qu'elle affectoit, & aux lamentations con-
tinuelles qu'elle faifoit, que cette Princeffe étoit véritablement affligée.   En
·un mot, elle pouffa les chofes à l'excès.
Ellé fit défendre la Cour aux Membres
du Confeil Privé ; ordonna qu'on exa-
minât leur conduite dans la *Chambre*
étoilée ; & alla même jufqu'à faire le
procès à *Davifon*, pour fa défobéïffance.
Peu de jours après, elle envoïa *Robert*
Carey au Roi d'Ecoffe, auquel elle écrivit
la lettre fuivante :

Mon cher Frére,

J E fouhaiterois que vous puffiez con-
noître, fans la fentir, l'extrême douleur que
m'a caufé le fatal accident qui vient d'ar-
river, tout-à-fait contre mon intention. Je
vous envoïe un de mes parens, qu'autrefois
vous honoriez de vôtre bienveillance, pour
vous rendre compte de ce que je n'ai pas la
force de vous écrire.   Comme Dieu m'eft
témoin, ainfi-que bien d'autres, que je fuis
tout-à-fait innocente dans cette affaire ; je

me flatte que vous croirez que si cela fût ar-
rivé par mes ordres, je ne le diffimulerois
point. Je suis née trop fiére pour qu'aucun
refpect humain m'empêche de faire ce qui eft
jufte : & fi une fois je l'avois fait, rien au
monde ne me porteroit à le défavoüer. Mais,
comme l'ombre même du déguifement eft ca-
pable de dégrader la Majefté, je ne cherche-
rai jamais à pallier mes actions : je me fe-
rai plûtôt gloire d'en rendre compte à l'Uni-
vers. Vous pouvez donc compter que,
comme ce qui s'eft paffé étoit jufte, fi c'eût
été mon intention qu'on en vînt à cette ex-
trémité, je prendrois le tout fur moi, fans
vouloir en jetter la faute fur autrui : mais
je n'en avois pas même l'idée. Le porteur
vous inftruira plus particuliérement de ce
qui s'eft paffé. Quant à moi foïez per-
fuadé que vous n'avez pas de parente qui
vous foit plus attachée, ni d'amie qui vous
aime plus tendrement ; & qu'en un mot,
perfonne ne s'intéreffe plus vivement à vôtre
profpérité, & au bonheur de vôtre Roïaume.
Deforte-que fi, par hazard, quelque mau-
vais

vais esprit vouloit vous persuader du con-
traire, soïez certain qu'il vous trompe.
Crainte de vous importuner, je ne vous en
dirai pas davantage, & prie Dieu de vous
donner un long régne.

   Malgré tous ces beaux dehors de colére & d'affliction, c'étoit si peu l'intention d'*Elizabeth* de punir ses Conseillers
privés, que, quelques jours après tout ce
bruit, le garde du sceau privé déclara
publiquement que quoique la Reine, dans
son indignation, eût ordonné qu'on exa-
minât à la rigueur leur conduite ; aïant
néanmoins réfléchi qu'ils n'avoient agi
que par un excès de zéle pour son service, S. M. leur pardonnoit. Desorte-
qu'il n'y eût que *Davison* qui en fût la
victime, quoique le moins coupable.

   Pendant que nous sommes sur ce chapitre, je dirai que malgré les efforts des
panégyristes d'*Elizabeth*, jamais ils n'ont
pû parvenir à pallier cette action, qui sera
                   toûjours

toûjours une tache inéfaçable dans la vie
de cette Princeſſe. Mais elle ne ſe fût
jamais crûë fermement la couronne ſur la
tête, tant que *Marie* eût vécû. D'ailleurs
elle étoit jalouſe de la beauté de la Reine
d'Ecoſſe. On aſſûre qu'elle demanda un
jour à l'Ambaſſadeur de cette Princeſſe,
s'il étoit vrai qu'elle fût auſſi réellement .
belle qu'on le diſoit, & s'il trouvoit *Marie*
plus belle qu'elle ? La queſtion étoit dé-
licate. Cependant l'Ambaſſadeur d'E-
coſſe s'en tira en homme d'eſprit. *La
Reine ma maîtreſſe,* répondit ce Miniſtre,
*eſt ce qu'il y a de plus beau en Ecoſſe, comme
vôtre Majeſté efface tout ce que j'ai vû en
Angleterre.*

Les deux Impératrices qui régnent aujourdui, ſont également rivales en mérite
& en beauté. Mais elles penſent trop
ſolidement pour s'arrêter à quelque choſe
d'auſſi ſuperficiel qne les charmes exté-
rieurs du corps. Si cependant on me demandoit en leur préſence qui des deux

je

je trouve la plus belle, je pourrois, encore avec plus de juſtice que le Miniſtre Ecoſſois, répondre que jamais je n'ai vû une plus belle blonde que l'Impératrice Reine ; & que celle de toutes les Ruſſies eſt la brune la plus piquante qu'il y aît. Mais il eſt temps d'achever de parcourir le régne d'*Elizabeth.*

Philipe II. Roi d'Eſpagne, n'avoit pas perdu de vûë le projet de faire une deſcente en Angleterre. Ce projet lui rouloit en tête depuis que *Marie* d'Ecoſſe lui avoit cédé ſes droits à ce Roïaume, comme le ſeul moïen plauſible d'y rétablir la Religion Catholique. *Philipe* fondoit ſes prétentions ſur ce qu'il étoit le plus proche Catholique deſcendu de la Maiſon de *Lancaſtre.* Pour obvier à ce deſſein, *Elizabeth* ne pouvoit rien faire de mieux que de donner à *Philipe* de la beſogne chez lui. Auſſi favoriſoit-elle ſous main les Etats dans leur révolte contre ce Monarque ; & prit la précaution d'or-
donner

donner au Chevalier *Fitz-Williams*, qui étoit alors Vice-Roi d'Irlande, d'avoir l'œil fur les Irlandois. Elle n'oublia pas non-plus de cajoler le Roi d'Ecoffe, en le leurrant des efpérances les plus flatteufes, s'il reftoit ardent défenfeur de la Religion Proteftante, & continuoit à prendre le parti de l'Angleterre. Mais elle ne tarda pas à fe voir l'efprit tranquile du côté de ce dernier, apprenant que *Jaques* connoiffoit trop bien fes intérêts pour entretenir la moindre correfpondance avec le Roi d'Efpagne. D'ailleurs les Catholiques Anglois étoient trop bas pour ofer remuer ; d'autant-plus qu'ils ne voïoient pas de jour à recevoir le moindre fecours réel du dehors.

Au printemps de l'année 1589, *Elizabeth*, tranquile pour le dehors & le dedans du Roïaume, crût devoir faire connoître aux Efpagnols que fi les Anglois favoient fe défendre, ils favoient auffi faire la guerre fur l'offenfif. Mais,

U   comme

comme elle pouffoit l'œconomie à l'excès, & qu'il lui en auroit coûté des fommes immenfes pour attaquer l'Efpagne, elle s'y prit de façon que *Drake* & *Norris* fe chargérent de toute la dépenfe, dans la perfpective de s'enrichir du butin qu'ils feroient. Cependant la Reine leur fournit des vaiffeaux de guerre, & leur permit de lever des recrûës & des matelots, pour équipper leur flotte. Ces deux avanturiers firent voile de Plymouth le 18 d'Avril, pour aller croifer fur les côtes de Portugal. Il y rencontrérent le *Comte d'Effex*, qui joignit à leur flotte quelques vaiffeaux qu'il avoit frettés à fes propres dépens, à l'infçû d'*Elizabeth*. Ils fe faifirent dans le Tage de vaiffeaux marchands appartenans aux villes Hanféatiques, qui firent à ce fujet beaucoup de bruit.

Henri IV. venoit alors de monter fur le trône de France. La Ligue refufoit de le reconnoître ; & plufieurs feigneurs du du parti du feu Roi lui avoient tourné le dos : deforte-que pour ne pas indifpofer contre lui toute la nobleffe Catholique, il fe vit obligé de leur promettre de changer de Religion. Cependant ce Monarque n'avoit ni troupes ni argent. Les Suiffes & les Allemands, qui avoient fervi fon prédéceffeur, menaçoient de le quitter s'il ne païoit les arrérages qui leurs étoient dûs ; & il ne favoit où les prendre. Dans cette extrêmité, il eût recours à *Elizabeth,* qui lui promit & troupes & argent. Ces flatteufes efpérances lui donnérent le courage de faire tête au *Duc de Mayenne,* qui l'avoit recogné j'ufqu'en Normandie, & qui même avoit eu l'audace de l'attaquer à Arques, mais fans le moindre fuccès. Le Monarque François fe crût en fi grand danger, qu'il fût fur le champ paffé en Angleterre, comme quelques-uns le lui confeilloient, fi le Maréchal de *Byron* ne l'en eût empêché. A la fin les fecours Anglois arrivérent. *Peregrine* Lord *Willoughby* lui amena quatre

U 2   mille

mille hommes, & lui compta vingt-deux-
mille livres ſterlings en or. Ce renfort
le mit à-même de s'approcher de Paris,
dont il prit un des Fauxbourgs. Mais
le *Duc de Mayenne*, y étant entré avec ſon
armée, *Henri* IV, ſe vit forcé de ſe retirer.
Dans cet intervalle, le *Duc de Mayenne*
avoit fait proclamer Roi le vieux Cardinal de Bourbon ; & s'étoit lui-même ar-
rogé le tître de Lieutenant-Général du
Roïaume. *Henri* ſe retira en Normandie, où il prit quelques places : après
quoi il renvoïa les Anglois chez eux.

Cependant *Elizabeth* lui fit encore paſſer d'autres ſecoûrs depuis : mais enfin ils
ſe brouillérent ; & la Reine écrivit à
Henri, qu'aïant manqué à ſa parole pour
le ſiége de Roüen, elle ne vouloit plus ſe
mêler de ſes affaires. Ceci n'empêcha
pourtant pas le *Comte d'Eſſex* de venir
joindre le Roi, lorſqu'il entreprit ce ſiége,
parce-qu'il le lui avoit promis, & qu'il
ſe croïoit obligé de tenir parole : ce
qui

qui déplût fort à *Elizabeth*, qui, fur le
champ, lui dépêcha le Chevalier *Leyton*
fon oncle, avec ordre de revenir d'abord
fous peine de difgrace.

Au mois de Février 1593, le Parlement
paffa un Acte, qui caufa bien de l'inquiétude, non feulement aux Catholiques,
mais en général à tous les Diffidens. Cet
Acte obligeoit tous les fujets d'affifter au
fervice divin,, fous peine de punition.
Deforte-que les Catholiques n'étoient
plus les feuls fujets aux amendes portées
par les loix : l'Acte s'étendoit également
fur tous les Proteftans qui n'étoient pas
de l'Eglife Anglicane, & qu'on connoiffoit alors fous le nom de Puritains. Ceci
faifoit en quelque façon revivre les loix
d'*Henri* VIII. par lefquelles il n'étoit abfolûment pas permis d'être d'une autre
Religion que de celle du Souverain ;
avec cette différence cependant, que fous
Elizabeth ce n'étoit pas fous peine de
mort, comme du temps de fon pére. Il
y avoit

y avoit au-refte ici quelque chofe de plus
dur que dans l'Acte paffé fous *Henri* VIII.
Ce Prince, tout abfolû qu'il étoit, fe con-
tentoit de punir ceux qui, par des démarches violentes, choquoient la Religion Anglicane. *Elizabeth*, vivement
irritée contre les Catholiques, qui, plus
d'une fois avoient attenté à fa vie, & à
lui ôter la Couronne ; eût été charmée
d'en purger totalement l'Angleterre. Elle
n'aimoit guéres plus les Puritains, qu'elle
regardoit comme des gens obftinés, qui,
pour des bagatelles, apportoient du
fchifme dans l'Eglife Anglicane. Au-
refte, ce n'eft pas la prémiére fois, ni
uniquement en Angleterre, qu'on aît fait
un crime capital à des fujets, de n'être pas
de la Religion du Prince. Graces au
Clergé qui, au-lieu de fuivre les principes
de charité prêchés dans l'Evangile, fe dé-
clare prefque toûjours pour la non-tolé-
rance ; chaque Etat a toûjours femblé
ne vouloir fouffrir qu'une feule Religion.
Auffi la Reine fût-elle dans le dernier

chagrin,

chagrin, lorfqu'elle apprit qu'*Henri* IV. en alloit changer. A la prémiére nouvelle qu'elle en eût, elle lui dépêcha *Thomas Wills* pour l'en diffuader : mais, à fon arrivée, la chofe étoit faite.

Quelque temps après, *Hefquel* vint en Angleterre pour perfuader au *Comte de Derby*, de la part d'un petit nombre d'Anglois, qui s'étoient expatriés, de prendre le tître de Roi d'Angleterre, en qualité de petit-fils de *Marie*, fille d'*Henri* VII. Pour l'encourager, *Hefquel* l'affûra qu'il pouvoit compter fur le fecours de *Philipe* II. Roi d'Efpagne ; lui ajoûtant, que s'il ne fuivoit pas les avis qu'on lui donnoit, ou qu'il vînt à les divulguer, il ne vivroit pas long-temps. *Le Comte de Derby*, craignant que ce ne fût un piége qu'on lui tendoit, en informa la Reine, & *Hefquel* fût pendu : mais l'infortuné Comte ne lui furvécût pas long-temps, car il mourût quatre mois après des fuites d'un poifon qui le fit continuellement vomir

mir jufqu'à-ce-qu'il expirât. On foup-
çonna que fon Ecuïer avoit été un des
complices, parce-qu'il décampa le prémier jour de fa maladie.

Elizabeth n'étoit pas tranquile du côté
de l'Ecoffe. Elle étoit informée que la
faction Efpagnolle y prenoit le deffus,
qu'on y tramoit quelque chofe contre la
Religion Proteftante, & que le Roi fembloit pencher pour les Catholiques. Pour
en être éclaircie, elle envoïa Mylord
Zouch vers *Jaques*. Le prémier devoit
s'informer de la vérité des rapports qu'on
avoit faits à la Reine, tâcher de fortifier
le parti Anglois, & fur-tout faire entendre au jeune Monarque fes vrais intérêts. *Zouch* réüffit fi bien, qu'un nommé
Graham Feintry, qui étoit zélé partifan
de l'Efpagne, fût mis à mort par ordre
du Roi d'Ecoffe : ce qui ôta aux Catholiques toute efpérance de ce côté.

En

En 1595, le Chevalier *Raleigh*, fit à fes propres dépens, une feconde expédition en Amérique : mais il n'en retira pas grand avantage. *Elizabeth* elle-même équippa une flotte de vingt-fix vaiffeaux, fous les ordres des Chevaliers *Drake* & *Hawkins*, pour porter la guerre dans ces quartiers. Mais comme les Efpagnols avoient pris leurs précautions, les Amiraux Anglois ne firent pas grande proüeffe : ils périrent même tous deux dans cette expédition.

L'année fuivante, la Reine, aïant eu avis que le Roi d'Efpagne en vouloit à l'Angleterre & à l'Irlande, réfolut de le prévenir. Elle affembla une flotte de cent-cinquante voiles, avec vingt-deux vaiffeaux Hollandois, & fept-mille hommes à bord. Elle donna le commandement de la flotte à l'Amiral *Charles Howard*, & celui des troupes de terre au Comte d'*Effex*.

X   Cette

Cette expédition fût affez heureufe.
Auffi, à leur retour, les deux chefs fe
virent-ils fort accüeillis d'*Elizabeth*. Cependant le *Comte d'Effex* reçût une mortification, à laquelle il parût extrêmement
fenfible.   Il avoit, avant fon départ, re-
commandé le Chevalier *Bodley* pour être
fait Secrétaire d'Etat : & à fon retour il
trouva que la Reine avoit nommé le Chevalier *Cecil*, fils du grand Tréforier, avec
qui il étoit brouillé.   Il eût auffi, quelques jours après, le chagrin de voir François *Vere* fait Gouverneur de *La Brille*,
quoiqu'il fe fût intéreffé pour un autre :
ce qui le fit appercevoir que fon crédit
commençoit à baiffer, & l'entraîna dans
les démarches inconfidérées qui peu après
lui coutérent la vie.

Vers la fin d'Oĉtobre, le *Comte d'Effex*
éprouva un nouveau défagrément.   La
Reine avoit créé l'Amiral *Howard* Comte
de Nottingham, & avoit inféré dans fa
Patente que c'étoit pour le recompenfer
des

des fervices qu'il avoit rendus à l'Angleterre l'an 1588, en enlevant Cadix aux
Efpagnols conjointement avec le *Comte*
d'Effex. Le dernier fe trouva choqué de
ce qu'*Elizabeth* fembloit attribuer la
moindre part de cette conquête à l'Amiral : & d'ailleurs le nouveau Comte devoit prendre le pas fur lui comme grand
Amiral. Cependant, pour adoucir le
Comte d'Effex, la Reine le fit grand Maréchal d'Angleterre ; ce qui lui conferva
le rang fur le grand Amiral.

La mort de *Philipe* II. Roi d'Efpagne,
qui arriva au mois de Septembre 1598,
débarraffa *Elizabeth* d'un ennemi auffi
turbulent que dangereux. Il mourut
âgé de 72 ans, après un régne de 42,
pendant lequel il n'avoit été occupé qu'à
chercher à agrandir fa Monarchie. Son
ambition lui avoit fait jetter les yeux fur
la France, l'Angleterre, & le Portugal.
Mais, de tous ces grands projets, il n'y
eût que le dernier qui lui réüfsît. D'un

autre

autre côté, il perdit aux Païs-Bas fept
Provinces qui valoient beaucoup mieux
que ce Roïaume.

Le *Comte d'Effex*, s'étant pour ainfi
dire fait nommer Vice-Roi d'Irlande,
caufa lui-même par là fa perte. Ses par-
tifans crûrent l'obliger en le fecondant
pour obtenir ce pofte ; tandis que fes ennemis plus éclairés, virent d'abord que
lorfqu'il feroit abfent de la Cour, ils feroient plus à-même de fapper fon crédit.
Ils en vinrent effectivement fi bien à bout,
qu'enfin ce feigneur fût décapité le 25
Février 1601. La Reine eût beaucoup
de peine à fe déterminer à figner l'ordre
de fon exécution. Mais à la fin fon
amour-propre bleffé lui fit prendre ce
parti : & le Comte mourût en galant-
homme & en bon Chrétien.

Je ne trouve plus rien de remarquable,
depuis cette époque jufqu'à la mort d'*E-
lizabeth*. Vers la fin de Janvier 1603
cette

cette Princeffe commença à fentir les prémiéres attaques de la maladie qui l'em-
porta. Comme elle n'étoit plus jeune,
on fe douta d'abord qu'elle n'en revien-
droit pas. Deforte-que dans les derniers
temps elle eût la mortification de fe voir
négligée par la plûpart de fes courtifans,
qui s'empreffoient à rechercher les bonnes
graces du Roi d'Ecoffe fon héritier préfomptif. Ceci la jettà dans une noire
mélancolie, qu'il lui fût impoffible de dé-
guifer: d'autant-plus qu'on parloit hautement de faire venir le Roi d'Ecoffe avant
qu'elle mourût. Elle fût faifie dans les
commencemens de Mars d'une pefanteur
dans tous les membres, qui l'empêchoit
de fe remuer, & prefque même de parler.
E!le ne voulut abfolûment fouffrir près
d'elle que l'Archevêque de Cantorbéri
qui la difpofoit à la mort, & prioit à côté
de fon lit.

Lorfqu'on vit qu'elle ne pouvoit plus
aller loin, le Confeil privé lui députa le
Grand

Grand Amiral, le Garde du sceau privé, & le Secrétaire d'Etat, pour la supplier de nommer son successeur. Elle leur répondit, presqu'en s'évanouïssant, *qu'elle avoit toûjours dit que son trône étoit le trône d'un Roi; & quelle seroit au désespoir que quelqu'un d'un rang inférieur lui succédât.* Le Secrétaire d'Etat la priant de s'expliquer plus clairement, parce-que le Conseil souhaitoit de savoir au juste ses intentions; *Je veux,* lui repliqua-t-elle, *qu'un Roi me succéde; & qui peut-ce être si-non le Roi d'Ecosse mon plus proche parent?*

Alors l'Archevêque de Cantorbéri lui aïant représenté qu'elle ne devoit plus songer qu'à Dieu; *C'est ce que je fais,* dit-elle; *& je ne m'occupe d'autre chose.* Lorsque la parole commença à lui manquer, elle leva les mains & les yeux vers le Ciel; & donna plusieurs autres signes qui prouvoient quelle mettoit toute sa confiance dans la miséricorde de Dieu. Elle

expira

expira le 24 Mars, vieux ſtyle, agée de 70 ans, après en avoir paſſé 44 ſur le trône.

Pour récapituler dans peu de mots l'éloge de cette grande Reine, il ſuffit de dire que ſon nom eſt encore précieux à la poſtérité parmi les Anglois ; & qu'on ne peut ſuppoſer qu'il entre de la flatterie dans les reſpects qu'on témoigne pour ſa mémoire aujourdui.

———————

CE feroît ici, ſuivant l'ordre de la Chronologie, l'endroit de parler de la Reine *Chriſtine* de Suéde. Mais, comme cette Princeſſe a parû plus envieuſe de briller dans la Légende que dans l'Hiſtoire, je paſſerai très-légérement ſur ſon chapitre. Je rendrai cependant la juſtice qui eſt dûë à ſes grandes qualités. Et, ne cherchant pas à me parer des plumes du paon, j'avoüerai de bonne foi au lecteur que ce que je vais citer ici ſur ſon

compte

compte eſt extrait, mot pour mot, du
Siécle de Louïş XIV. de *Voltaire.*

" On admira en elle," dit cet Auteur
incomparable, " une jeune Reine qui, à
" vingt-ſept ans, avoit renoncé à la ſou-
" veraineté, dont elle étoit digne, pour
" vivre libre & tranquile. Elle . avoit
" formé ce deſſein dès l'âge de vingt ans.
" Elle l'avoit laiſſé meurir ſept années.
" Cette réſolution, ſi ſupérieure aux
·" idées vulgaires, & ſi long-temps mé-
" ditée, devoit fermer la bouche à ceux
" qui lui reprochérent une abdication
" involontaire. L'un de ces deux repro-
" ches détruiſoit l'autre : mais il faut
" toûjours que ce qui eſt grand ſoit at-
" taqué par les petits eſprits.

" Pour connoître le génie unique de cette
" Reine on n'a qu'à lire ſes lettres. Elle
" dit dans celle qu'elle écrivit à *Chanut,*
·" autrefois Ambaſſadeur de France au-
" près d'elle, *J'ai poſſédé ſans faſte, je*
                                                    quitte

" *quitte avec facilité. Après cela ne crai-*
" *gnez pas pour moi : mon bien n'eſt pas au*
" *pouvoir de la fortune.* Elle écrivit au
" Prince de *Condé ; Je me tiens autant*
" *honorée par vôtre eſtime que par la cou-*
" *ronne que j'ai portée. Si après l'avoir*
" *quittée vous m'en jugez moins digne, j'a-*
" *voüerai que le repos que j'ai tant ſou-*
" *haité me coûte cher. Mais je ne me re-*
" *pentirai pourtant point de l'avoir acheté*
" *au prix d'une couronne ; & je ne noirci-*
" *rai jamais une action qui m'a ſemblée ſi*
" *belle, par un lâche repentir : & s'il ar-*
', *rive que vous condamniez cette action, je*
" *vous dirai pour toute excuſe que je n'au-*
" *rois pas quitté les biens que la fortune m'a*
" *donnés, ſi je les euſſe crûs néceſſaires à ma*
" *félicité, & que j'aurois prétendu à l'em-*
" *pire du monde ſi j'euſſe été auſſi aſſûrée d'y*
" *réüſſir, ou de mourir, que le ſeroit le*
" *grand Condé.*

" Telle étoit l'ame de cette perſonne ſi
" ſinguliére : tel étoit ſon ſtyle dans la
Y   " langue

" langue Françoife, qu'elle avoit parlé
" rarement. Elle favoit huit langues.
" Elle avoit été difciple & amie de *Des-*
" *Cartes*, qui mourût à Stockholm dans
" fon palais, après n'avoir pû obtenir
" feulement une penfion en France; où
" fes ouvrages fûrent même profcrits
" pour les feules bonnes chofes qui y
" fuffent. Elle avoit attiré en Suéde
" tous ceux qui pouvoient l'éclairer.
" Le chagrin de n'en trouver aucun par-
" mi fes fujets, l'avoit dégoûtée de régner
" fur un peuple qui n'étoit que foldat.
" Elle crût qu'il valoit mieux vivre avec
" des hommes qui penfent, que de com-
" mander à des hommes fans lettres &
" fans génie. Elle avoit cultivé tous les
" arts dans un climat où ils étoient alors
" inconnus. Son deffein étoit d'aller fe
" retirer au milieu d'eux en Italie. Elle
" ne vint en France que pour y paffer,
" parce-que ces arts ne commençoient
" qu'à y naître. Son goût la fixoit à
" Rome. Dans cette vûë elle avoit
" quitté

" quitté la Religion Luthérienne pour
" la Cathólique. Indifférente pour l'une
" & pour l'autre elle ne fit point fcru-
" pule de fe conformer en apparence aux
" fentimens du peuple chez lequel elle
" vouloit paffer fa vie. Elle avoit quitté
" fon Roïaume en 1654, & fait publi-
" quement à Infpruck la cérémonie de
" fon abjuration. Elle plût à la cour de
" France quoiqu'il ne s'y trouvât pas une
" femme dont le génie pût atteindre au
" fien. Le Roi la vit, & lui fit de grands
" honneurs ; mais il lui parla à peine.
" Elevé dans l'ignorance, le bon fens
" avec lequel il étoit né le rendoit ti-
" mide.

" La plûpart des femmes & des cour-
" tifans n'obfervérent dans cette Reine
" Philofophe, fi-non qu'elle n'étoit pas
" coëffée à la Françoife, & qu'elle dan-
" foit mal. Les fages ne condamnérent
" en elle que le meurtre de *Monaldefchi*
" fon écuïer, qu'elle fit affaffiner à Fon-

tainebleau

" tainebleau dans un fecond voïage. De
" quelque faute qu'il fût coupable envers
" elle, aïant renoncé à la roïauté, elle de-
" voit demander juftice & non fe la faire.
" Ce n'étoit pas une Reine qui puniffoit
" un fujet ; c'étoit une femme qui ter-
" minoit une galanterie par un meurtre.
" C'étoit un Italien qui en faifoit
" affaffiner un autre par une Sué-
" doife dans le palais d'un Roi de
" France. Nul ne doit être mis à mort
" que par les loix. *Chriſtine,* en Suéde
" même, n'auroit eu le droit de faire af-
" faffiner perfonne : & certes ce qui eût
" été un crime à Stockholm n'étoit pas
" permis à Fontainebleau. Ceux qui
" ont juftifié cette action méritent de
" fervir de pareils maîtres. Cette honte
" & cette cruauté ternirent la Philofo-
" phie de *Chriſtine,* qui lui avoit fait
" quitter un trône. Elle eût été punie
" en Angleterre, & dans tous les païs où
" les loix régnent : mais la France fer-
" ma les yeux à cet attentat contre l'au-
" torité

" torité du Roi, contre le droit des na-
" tions, & contre l'humanité.

" On voit auffi une lettre de cette
" Reine au Cardinal Mazarin, au fujet
" du meutre de *Monaldefchi.* Elle s'ex-
" prime ainfi : *Aprenez tous, valets &*
" *maîtres, qu'il m'a plû d'agir ainfi. Je*
" *veux que vous fachiez que* CHRISTINE
" *fe foucie peu de vôtre cour, encore moins*
" *de vous. Ma volonté eft une loi qu'il*
" *faut refpeéter. Vous taire eft vôtre de-*
" *voir. Sachez que* CHRISTINE *eft Reine*
" *par tout où elle eft.*"

JE pafferai encore plus légérement fur
la Reine ANNE d'Angleterre; parce-que
le trop grand afcendant qu'avoit pris fur
elle Madame *Churchill,* ainfi que fes va-
riations lorfqu'il s'agiffoit de fe nommer
un fucceffeur, voulant tantôt rappeller le
Prétendant, & tantôt faire tomber fon
choix fur la maifon d'*Hanovre;* m'em-
pêchent de la mettre au nombre des
grandes

grandes Princeffes qui ont régné. De
forte-que, fans m'y arrêter plus long-
temps, j'en viendrai d'abord à l'Impératrice CATHERINE de Ruffie, veuve de
PIERRE LE GRAND.

L'OBSCURITE' de la naiffance de
cette Princeffe reléve encore l'éclat de fa
grandeur. Elle étoit née de parens ob-
fcurs en Eftonie, où elle fût élevée. A
l'âge de quinze ans elle entra au fervice
d'un miniftre Luthérien appellé *Gluck*, &
y refta jufqu'à vingt-deux, quelle époufa
un Caporal Suédois. Son bonheur voulut
que le jour de fon mariage elle fût faite
prifonniére par les Ruffes, près de Derpt,
dans une rencontre entre ceux-ci & les
Suédois, où plufieurs des derniers perdirent auffi leur liberté. Son fiancé y laiffa
la vie : du-moins a-t-on lieu de le croire
ainfi,

ainfi, parce-que jamais depuis on n'en entendit plus parler. On la conduifit au Maréchal *Sheremetoff* dans fes habits de nôces. Celui-ci, voïant un auffi joli minois, l'envoïa à la femme du Colonel *Balk*, qui étoit Livonienne, crainte qu'elle ne tombât en de mauvaifes mains : & elle refta avec cette Dame, jufqu'à-ce-que le Prince *Menzikoff*, l'aïant vûë, la lui demandât pour la préfenter à la Prin-ceffe fon Epoufe.

Comme il étoit favori du Czar, qui la vifitoit fréquemment, ce Monarque eût fouvent occafion de la voir, & prit pour elle un goût fi vif, & fi fubit, qu'il la mit près de la Princeffe *Natalie* fa fœur, où il commença à faire connoiffance avec elle. On l'appelloit *Catherine Vafilowna :* mais elle prit le nom d'*Alexiowna*, quand elle embraffa la Religion Grecque en honneur du Czarowitz *Alexis* qui fût fon parrain ; parce-que les Grecs n'admet-tent aucuns réformés dans leur commu-nion,

nion, qu'ils n'aïent auparavant été bap-
tifés de nouveau. *Pierre* I. en eût plufieurs enfans avant de l'époufer ; entr'autres
la Princeffe *Anne*, qui fût mariée au *Duc
de Holftein*. Ce ne fût que l'année 1710
que le Czar l'époufa.

C'étoit une femme de bonne mine, &
affez belle. Elle avoit un bon fens infini : mais ce n'étoit pas un génie brillant : & il s'en faut beaucoup qu'elle aît
eu cette vivacité d'imagination que bien
des gens ont voulu lui prêter. Ce fût la
douceur de fon caractére qui lui gagna
totalement le cœur du Czar, ainfi que l'é-
galité de fon humeur. Jamais on ne la
vit bouder. Elle fe faifoit un plaifir de
rendre fervice quand elle pouvoit : &,
polie envers un chacun, elle n'oublia de
fa vie d'où elle fortoit. Sa reconnoiffance fe manifefta fur-tout vis-à-vis du
miniftre Luthérien qu'elle avoit fervi.
De l'approbation de l'Empereur, elle le fit
venir en Ruffie avec toute fa famille, où
elle

elle les combla de bien faits ; & leur fit
à tous un fort au-deſſus de ce qu'ils pouvoient prétendre.

Ce fût le traité de Pruth, dont elle fût
l'ame, qui la mit au-deſſus de l'envie, &
aſſûra ſa fortune. En cela *Pierre* ne fit
que lui rendre juſtice ; car il lui devoit la
liberté, la Couronne, & peut-être la vie.
Le peuple l'adoroit, & toute l'armée la
regardoit comme ſon idole. Dans le
mandement que le Czar fit publier au
ſujet de ſon couronnement, après avoir
fait l'éloge de la fidélité & de la tendreſſe
qu'elle lui avoit toûjours témoignées, il
avoüe lui-même combien il eſt redevable
aux bons conſeils qu'il dit en avoir reçûs
dans différentes occaſions, outre celle de
Pruth, que perſonne n'ignoroit.

Jamais ce Prince ne ceſſa de l'aimer.
Tout au contraire, il lui laiſſa par ſon
teſtament, fait peu de temps avant ſa
mort, ſa couronne avec la même éten-

Z   duë

duë de pouvoir dont il jouïſſoit lui-même ; & elle lui ſuccéda ſans que perſonne
oſât s'y oppoſer.   Pour perpétuer la mémoire du traité de Pruth, l'Empereur
voulut, le jour de la St. André, qu'elle
inſtituât l'ordre de *Ste. Catherine,* dont
la déviſe eſt Pour l'Amour et la Fi-
de'lite'.   Cet ordre eſt d'autant plus
reſpectable qu'on ne le donne jamais
qu'à des Princeſſes. de Maiſons Souve-
raines.   La feu Reine de Pologne le portoit ; & les Electrices de Saxe & de Baviére, ſes filles, l'ont encore aujourdui.

Lorſque l'armée Ruſſe apprit la mort
de *Pierre le Grand,* l'affliction fût générale parmi l'officier & le ſoldat.   Il eſt
vrai que c'étoit avec raiſon qu'ils le re-
grettoient,   parce-que ce Prince avoit
toûjours eu ſoin qu'ils ne manquaſſent
de rien.   Cependant on les entendit s'é-
crier, *Quoique nous venions de perdre nôtre*
pére, graces au Ciel, nôtre mére vit encore !
Catherine ne vécût que deux ans ſur le
trône.

trône. Comme elle étoit d'un trés-bon tempérament, on fût furpris de la voir mourir de mort fubite : ce qui a fait croire à bien du monde qu'elle avoit été empoifonnée.

Pierre II. petit-fils de *Pierre le Grand,* lui fuccéda. Comme le régne de ce Prince fût court, & que d'ailleurs il n'entre pas dans le plan que je me fuis propofé, j'en viendrai d'abord à l'Impératrice ANNE qui monta fur le trône après lui.

———————————

CETTE Princeffe étoit fille du Czar *Ivan*, qui avoit régné conjointement avec *Pierre le Grand* fon frére. Aucune Impératrice de Ruffie, excepté celle qui eft aujourdui fur le trône, n'a fait d'auffi grandes chofes. Elle battit les Turcs,

fût

fût l'ame de toute la guerre de Pologne, prit Dantzig, & affermit *Auguste* sur le trône. Elle eût encore fait davantage si *Charles* VI. eût agi contre l'ennemi commun de la Chrétienté avec la même vigueur & la même sincérité. C'est sous son régne que la Russie commença d'étaler cette magnificence qui depuis a frappé toute l'Europe. Ce fût elle qui forma les fameux *Munick* & *Osterman,* ainsi que *Byron,* qui s'est depuis fait connoitre sous le nom du *Duc de Courlande.* Le dernier avoit auprès de l'Impératrice *Anne* le plus grand crédit. Aussi le nomma-t-elle à la tête de la Régence, lorsqu'elle laissa l'Empire au jeune *Ivan,* fils du Prince de Brunswick, & de la Princesse *Anne de Mecklenbourg.* Enfin cette Souveraine *Anne* mourût après un régne aussi brillant que glorieux, le 19 Octobre 1740.

A peine eût-elle les yeux fermés que la Princesse de Mecklenbourg, mére du jeune *Ivan,* renversa tout ce que la défunte venoit

venoit de faire ; & fe mit à la place du
Duc de Courlande, qu'elle relégua en Si-
bérie. Mais cette Princeffe éprouva bientôt le même fort, comme nous allons
le voir plus bas.

***

JAMAIS Révolution ne fût fi fubite
que celle qui éleva l' Impératrice ELI-
ZABETH fur le trône. Ce fût prefque
l'ouvrage d'un moment. Une poignee
de monde opéra ce prodige, fans qu'il y
eût une goutte de fang répanduë. Il eft
vrai que fes droits étoient inconteftables;
& que, fille de *Pierre le Grand,* la couronne lui appartenoit fans qu'on pût la
lui difputer. Cependant elle balançoit
encore : & fi *Leftock* ne lui eût dit que,
fuppofé qu'elle tardât un quart-d'heure
de plus, il s'agiffoit pour elle de fe voir
rafée, & enfermée pour le refte de fes

jours

jours dans un Couvent, & pour lui de la roüe ; jamais elle ne se fût déterminée aussi vîte. Mais, convaincuë qu'il n'y avoit pas un moment à perdre, elle prit son parti, & se vit sur le trône sans savoir comment elle y étoit montée.

On ne trouve pas dans le cours du régne de cette Princesse de ces traits qui frappent. Cependant son nom sera toûjours cher à la Russie ; ne fût-ce que pour l'obligation qu'elle lui a de voir aujourdui CATHERINE sur le trône. Comme c'est la seule anecdote qui puisse consacrer la mémoire d'*Elizabeth* à la postérité, je tâcherai de la mettre dans tout son jour.

A peine cette Princesse se vit-elle la couronne sur la tête, qu'elle songea à se nommer un successeur. Attachée depuis long-temps à la maison de Holstein, où elle avoit dû se marier ; elle jetta les yeux sur le jeune Duc, chef de la branche

de

venir en Ruffie celle que les décrets de la Providence avoient marquée pour y régner un jour fouverainement. La jeune Princeffe arriva donc à Peterfbourg, & y époufa le Grand Duc fon Coufin, auquel elle a fuccédé.

Je ne trouve dans le caractére d'*Elizabeth* rien de bien marqué qu'un fond de haine qu'elle avoit conçûë pour le Roi de Pruffe, fans qu'on aît jamais pû en bien découvrir la vraie caufe. Je fais là-deffus des particularités, que je tiens de fource, qui ne laiffent aucun doute fur l'antipathie qu'elle avoit pour ce Monarque. On joüoit un jour à Peterfbourg une Comédie Allemande intitulée *Adam & Eve*. L'Impératrice, ne s'en formant pas une grande idée, n'y voulut pas aller. Elle chargea cependant 'une perfonne comme il faut de venir lui en rendre compte, fuppofé qu'elle trouvât que la piéce en valût la peine. Celle-ci revint d'abord; & lui dit qu'elle ne doutoit pas que S. M. I. ne

A a   s'y

s'y amufât ; qu'elle n'avoit pû s'empêcher de rire en voïant que l'auteur avoit
donné au *Bon Dieu* l'ordre de St. André ;
à *Adam* celui de St. Alexandre ; & le
cordon de Ste. Catherine à *Eve.* *S'il lui
manque un ordre pour le Diable*, reprit fur
le champ l'Impératrice, *j'en ai un tout
prêt :* lui ajoûtant tout bas, *c'eſt celui de
l'aigle noire.* Repartie qui dénotoit plus
que fuffifamment fa façon de penfer. Auffi
ceux qui la connoiffoient bien ne fûrent-
ils pas furpris de la voir fe joindre à la
France, pour tâcher d'écrafer ce grand
Monarque: Et ce fût fûrement bien plûtôt par ce motif qu'elle fe décida, qu'en
conféquence de toute la Rétorique du
Chevalier *Douglas.* Comme ni le Grand
Duc, ni la Grande Ducheffe n'étoient de
ce fentiment, la Politique avoit caufé
entre l'Impératrice & ces derniers une
efpéce de froideur qui fubfifta jufqu'à fa
mort, arrivée à Peterfbourg le 6 Janvier
1762. Le Grand Duc fon neveu lui fuccéda fous le nom de *Pierre* III.

Ce

Ce Prince ne fera jamais connu dans l'hiftoire que pour avoir été l'époux de CATHERINE II. Il alloit faire rentrer l'Empire de Ruffie dans l'état d'où *Pierre le Grand* l'avoit tiré ; lorfque la Providence, qui avoit choifi l'Impératrice pour opérer toutes les merveilles que nous voïons aujourdui, découvrit à cette Princeffe les intentions finiftres d'un barbare qui fongeoit à lui ravir la liberté, & peut-être la vie.

QUELQUE attaché qu'on foit naturellement à deux objets auffi précieux, *Catherine* peut-être ne s'en fût pas fouciée, fi elle n'eût vû à fes pieds tous fes fujets fondans en larmes, & la fupplians, à mains jointes, d'accepter l'Empire dont *Pierre* meriaçoit la deftruction. Inftruite dès le berceau dans le grand art de ré-

A a 2   gner,

gner, elle favoit qu'un Souverain apparti-
ent à fes fujets avant toute autre chofe ;
que les Rois font faits pour leurs peuples,
& non les peuples pour les Rois. Elle
connoiffoit à fond l'Empereur, & prévoïoit quel auroit été un jour le fort des
Ruffes fous fa domination. Voilà ce qui
la décida, & la fit céder aux inftances
réïtérées des habitans de Peterfbourg.
Deforte-que fi elle accepta la couronne,
ce fût plûtôt pour faire le bonheur de fes
fujets que pour fatisfaire fa propre ambition. Auffi fon prémier foin fût-il de
leur donner des preuves convaincantes de
fa tendreffe maternelle.

Depuis un temps immémorial, la Nobleffe avoit opprimé les Païfans au point
que leur état étoit au deffous de celui de la
brute. Chaque petit Gentil-homme for-
moit une efpéce de tyran fous lequel
gémiffoient fes vaffaux : & fous prétexte
de fe faire rendre ce qui leur étoit dû,
l'innocence même n'étoit pas à l'abri de
leur

leur lubricité. *Catherine*, qui vouloit faire luire un nouveau jour fur des fujets qui s'étoient de fi bon cœur donnés à elle, commença par annuller des priviléges qui repugnoient à l'humanité. Elle punit même févérement quelques Gentils-hommes qui en avoient abufé ; & s'attira, par ce trait de juftice, les bénédictions de tout un peuple, qui fans-ceffe remercioit le Ciel de l'avoir choifie pour les gouverner.

Le long féjour qu'elle avoit fait en Ruffie, depuis fon mariage, lui avoit appris combien les loix y étoient défectueufes. Elle fongea à en faire dreffer un nouveau Code ; & y réüffit fi parfaitement, que le Roi de Pruffe lui-même n'a pû s'empêcher de lui écrire une lettre de compliment à ce fujet.

Chaque jour de fon régne s'eft vû marqué par de nouveaux bienfaits ; j'entends par là des nouveaux réglemens qui tendent

dent au bien-être de ſes ſujets. Naturellement humaine, on ne lui a vû faire
mourir perſonne depuis qu'elle eſt ſur le
trône.

Pluſieurs régnes conſécutifs nous avoient pour ainſi dire toûjours montré la
Ruſſie comme la Puiſſance qui diſpoſoit
de la Couronne de Pologne. Son voiſi-
nage avec ce Roïaume, qui facilite le
moïen d'y faire paſſer des troupes, rend
l'Empire de Ruſſie l'arbitre de ce païs.
La France a beau vouloir s'en mêler, ſon
éloignement l'empêche d'y ſupporter ſes
brigues. Deſorte-que tout ce que peut
faire cette Couronne eſt d'y rendre la
Diette un peu plus tumultueuſe, ou d'y
faire débiter quelques rodomontades par
ſon Ambaſſadeur. Auſſi toutes les in-
trigues du Cabinet de Verſailles ne pû-
rent-elles contrebalancer l'influence de
celui de Peterſbourg. Quarante ou cin-
quante-mille hommes ſur les lieux feront
toûjours un Roi de Pologne, quand ſur-
tout

tout le médiateur faura appuïer fa recommandation d'une bonne fomme d'argent. Quelquefois même une armée victorieufe fuffit feule. Ce fût avec ce fecours que *Charles* XII. fit monter *Staniflas* fur le trône. Le hazard le feconda : & la fuite fit voir qu'il avoit fait un bon choix, quoique fon feul caprice l'eût dirigé, & qu'il n'eût auparavant jamais vû le jeune *Palatin*, à qui depuis, comme Roi, fes difgraces ont fait tant d'honneur.

On ne peut nier que *Catherine* n'agît avec plus de connoiffance de caufe. Elle avoit vû le jeune *Poniatowfki* à la cour de fa tante. Elle s'étoit apperçûë qu'il ne lui manquoit qu'une Couronne pour faire briller toutes fes vertus. La mort d'*Augufte* III. lui fournit l'occafion de rendre juftice au mérite. Elle la faifit avec empreffement ; & s'eft faite depuis une loi de foûtenir le Monarque qu'elle avoit élevé. Le Ciel femble y concourir par les fuccès brillans qu'il lui donne.

On

On ne doit, au-refte, pas être furpris de ces fuccès, quand on jette un coup-d'œil fur les talens des Généraux de *Catherine*. Les *Gallitzins*, les *Panins*, font des preuves inconteftables de fon difcernement quant au militaire : & qui peut lui nier la même fupériorité dans le Cabinet, lorfqu'on y voit à la tête des affaires le refpectable Comte de *Panin*, dont la probité feule feroit l'éloge, quand-bien-même il ne feroit pas un des plus grands Politiques de fon fiécle. Ce n'eft qu'en des mains auffi fûres que cette augufte Princeffe a voulu confier l'éducation du Grand Duc fon fils unique : & ce n'a été que lorfqu'elle a vû que ce cher objet de toute fa tendreffe pouvoit fe paffer de ce fage Mentor, qu'elle a confié au dernier une partie des foins de fon Empire. Soigneufe à recompenfer le mérite, on l'a vûë s'empreffer à donner au Comte de *Czernichew*, une preuve de la fatisfaction qu'elle avoit de fa conduite dans fon ambaffade de Londres, où il s'eft s'eft généralement fait aimer & eftimer, en le rapellant pour le mettre à la tête du département de la marine. Active à fe procurer de bons officiers, quand l'occa‑ fion s'en préfente, fon difcernement lui a fait découvrir, dans la perfonne de Mylord *Comte d'Effingham,* un fujet qui donne les efpérances les plus brillantes. Peu de feigneurs, à fon âge, poffédent auffi bien la théorie, fur-tout pour la partie des fortifications & de l'artillerie. On voit qu'il a fait d'*Euclide* & de *Bé‑ lidor* fon étude favorite ; & il n'y a pas de doute qu'il ne fe faffe un nom célébre dans la campagne qu'il vient d'entre- prendre avec les troupes Ruffes. Car, du côté du courage, tout le monde fait que c'eft une vertu héréditaire dans la la maifon d'*Howard.*

Quel ordre *Catherine* n'a-t-elle pas mis dans fes finances ? Sur quel pied formi- dable n'a-t-elle pas formé fa marine ? Que d'établiffemens plus avantageux les

B b

uns que les autres à fes fujets ne voit-on pas s'élever chaque jour ? Non contente d'éclairer leurs ames, cette Princeffe eft fans-ceffe occupée à inventer quelque chofe de nouveau pour améliorer leur fort. Elle a étendu leur commerce, & affûré leurs poffeffions. Elle travaille aujourdui à reculer leurs frontiéres pour porter au loin la foi de Jéfus-Chrift. En un mot, elle fait tout ce que nous avons vû faire aux plus grands conquérans, & couronne toutes ces vertus d'autant de modération que de clémence. Auffi n'en dirai-je pas davantage, fur un fujet où il y a tant à dire, pour paffer à l'Impératrice Reine.

———————————

MARIE THERESE étoit depuis long-temps fur le trône de Hongrie, avant qu'on foupçonnât même que jamais *Ca-therine*

therine II. iroit en Ruffie. Auffi, pour fuivre l'ordre de la Chronologie, euffe-je parlé de l'Impératrice Reine la prémiére, fi je n'euffe craint d'interrompre la fucceffion des Impératrices de Ruffie. Je vais donc entrer en matiéres fur cette Augufte Princeffe.

Elle eft fille ainée de *Charles* VI. & monta fur les trônes de Boheme & de Hongrie au mois d'Octobre 1740. Elle fe fondoit fur le droit naturel qui l'appelloit à l'héritage de fon pére, fur la Pragmatique folemnelle qui confirmoit ce droit, & fur la garantie de prefque toutes les Puiffances. *Charles Albert*, Electeur de Baviére, demandoit la fucceffion en vertu d'un teftament de l'Empereur *Ferdinand* I. frére de *Charles* V.

Augufte III. Roi de Pologne, Electeur de Saxe, alléguoit des droits plus récens, ceux de fa femme même, fille ainée de

B b 2   l'Empereur

l'Empereur *Joseph*, frére ainé de *Charles*
VI.

Le Roi d'Efpagne étendoit fes prétentions fur tous les Etats de la maifon
d'Autriche, en remontant à la femme de
Philipe II. fille de l'EmpereurMaximi lien.
II. *Philipe* V. defcendoit de cette Princeffe par les femmes. C'étoit déjà une
grande Révolution dans les affaires de
l'Europe, de voir le fang de France re-
clamer tout l'héritage de la maifon Autri-
chienne.

Louïs XV. pouvoit prétendre à cette
fucceffion, à d'auffi juftes titres que perfonne, puifqu'il defcendoit en droite ligne
de la branche ainée mafculine d'Autriche,
par la femme de *Louïs* XIII. & par celle
de *Louïs* XIV. Mais, comme ce Monarque avoit reçû la Lorraine pour garan-
tir la Pragmatique, il ne lui eût pas été
décent d'être le prémier à la rompre, fur-
tout en fa faveur. Auffi fe contenta-t-il
de

de dire qu'il ne vouloit que foutenir les droits de l'Electeur de Baviére.

Cependant *Marie Théréfe,* Epoufe du Grand Duc de Tofcane, fe mit d'abord en poffeffion de tous les Etats qu'avoit laiffé fon pére. Elle reçût les hommages des Etats d'Autriche, à Vienne, le 7 Novembre 1740. Les provinces d'Italie, & la Boheme, lui firent leurs fermens par leurs députés. Elle gagna fur-tout l'efprit des Hongrois en fe foumettant à prêter l'ancien ferment du Roi *André* II. fait l'an 1222. *Si moi, ou quelques uns de mes fucceffeurs, en quelque temps que ce foit, veut enfreindre vos priviléges, qu'il vous foit permis, en vertu de vôtre promeffe, à vous & à vos defcendans, de vous défendre, fans pouvoir être traités de rebelles.*

Plus les aïeux de l'Archiducheffe Reine avoient montré d'éloignement pour l'exécution de tels engagemens, plus auffi la démarche prudente dont je viens de parler

parler rendit cette Princeffe extrêmement
chére aux Hongrois. Ce peuple, qui
avoit toûjours voulu fecoüer le joug de la
maifon d'Autriche, embraffa celui de
Marie Théréfe ; &, après deux-cents ans
de féditions, de haines, & de guerres civiles, il paffa tout-d'un-coup à l'adora-
tion. La Reine ne fût couronnée à
Prefbourg que quelques mois après, le
24 Juin 1741. Elle n'en fût pas moins
Souveraine. Elle l'étoit déjà de tous les
cœurs par une affabilité populaire que fes
Ancêtres avoient rarement exercée. Elle
bannit cette étiquette & cette morgue
qui peuvent rendre le trône odieux, fans
le rendre plus refpeétable. L'Archiducheffe fa tante, Gouvernante des Païs-
Bas, n'avoit jamais mangé avec perfonne.
Marie Théréfe admettoit à fa table toutes
les Dames, & tous les officiers de diftinction. Les députés des Etats lui parloi-
ent librement. Jamais elle ne refufa
d'audience ; & jamais on n'en fortit mé-
content d'elle,

Son

Son prémier foin fût d'affûrer au grand
Duc de Tofcane, fon époux, le partage
de toutes fes couronnes, fous le nom de
Co-Régent ; fans perdre en rien de fa
Souveraineté, & fans enfreindre la Pragmatique Sanction. Elle en parla aux
Etats d'Autriche le jour même quelle
reçût leur ferment, & bientôt après elle
effectua ce deffein.

Malgré tous ces témoignages d'affection de la part de fes fujets, la Reine fe
trouva dans de fi grands embarras, qu'é-
tant enceinte, elle écrivit à la Ducheffe
de Lorraine fa belle-mére ; *J'ignore encore s'il me reftera une ville pour y faire mes
couches.* Toute la nation Angloife s'anima en fa faveur. Ce peuple n'eft pas
de ceux qui attendent l'opinion de leurs
maîtres pour en avoir une. Des parti-
culiers propoférent de faire un don gra-
tuit à cette Princeffe. La Ducheffe de
Marlborough, veuve de celui qui avoit
combattu pour *Charles* VI. affembla les
principales

principales Dames de Londres. Elles
s'engagérent à fournir cent-mille livres
sterlings ; & la Ducheffe en dépofa qua-
rante-mille. La Reine d'Hongrie eût la
grandeur d'ame de ne pas recevoir cet
argent, qu'on avoit la générofité de lui
offrir. Elle ne voulut que celui qu'elle
attendoit de la Nation affemblée en Parlement.

Je n'entrerai pas ici dans toutes
les particularités de cette guerre, qui
feules feroient un volume. Plus la ruine
de *Marie Théréfe* paroiffoit inévitable,
plus elle eût de courage. Elle étoit for-
tie de Vienne, & s'étoit jettée entre les
bras des Hongrois, fi févérement traités
par fon pére & fes aïeux. Aïant af-
femblé les quatre ordres de l'Etat à Prefbourg, elle y parût, tenant entre les bras
fon fils ainé prefque encore au berceau ;
& leur parlant en latin, langue dans laquelle elle s'exprimoit bien, elle leur dit
à-peu-près ces propres paroles ; *Aban-*
donnée

donnée de mes amis, perfécutée par mes enne-
mis, attaquée par mes plus proches parens,
je n'ai de reſſource que dans vôtre fidélité,
dans vôtre courage, & dans ma conſtance.
Je mets entre vos mains la fille & le fils de
vos Rois, qui attendent de vous tout leur
ſalut.

Tous les grands d'Hongrie, attendris
& animés, tirérent leurs ſabres, en s'é-
criant ; *Moriamur pró Rege noſtró Mariâ*
Thereſiâ ! Nous mourrons pour nôtre
Roi *Marie Théréſe.* Ces peuples donnent
toûjours le tître de Roi à leur Reine.
Jamais Princeſſe en effet n'avoit mieux
mérité ce tître. Ils verſoient des larmes,
en faiſant ſerment de la défendre : elle
ſeule retint les ſiennes. Mais, lorſqu'elle
ſe fût retirée, avec ſes filles d'honneur,
elle laiſſa couler en abondance les pleurs
que ſa fermeté avoit retenus.

Tout le monde ſait comment ſe ter-
mina la guerre de la Pragmatique. Dès-
C c   que

que l'Impératrice Rei ie s'en vit debar-
raffée, elle ne fongea qu'à mettre de l'ordre dans fes finances, & à entretenir une
armée qui la rendît capable de faire face
aux ennemis quelconques qui voudroient
l'attaquer.

C'eft par fa direction que les *Caunitz*,
les *Schaffgotfh*, & les *Choteck*, ont mis
fes finances fur le pied que nous les voïons aujourdui ; tandis que le Comte de
Sinzendorff eft occupé de la partie du
Commerce ; & que les *Bathiani*, les *Daun*
& les *Lacy*, ont réglé le militaire, qu'on
ne reconnoît prefque plus en comparaifon de ce qu'il étoit fous l'Empereur
Charles VI. fon pére.

Si *Marie Théréfe* remplit avec dignité
tous les devoirs que le trône exige d'elle,
on ne la voit pas moins exacte à s'acquit-
ter de ceux auxquels naturellement chaque particulier eft affujetti. Fille foumife,
époufe complaifante, & mére tendre, on
l'a

l'a vûë fucceſſivement donner de ce côté
l'exemple à tous ſes ſujets. Quel n'a pas
toûjours été ſon reſpeƈt pour l'Impératrice *Elizabeth* ſa mére ? Juſqu'où n'a-t-
elle pas porté l'afflióion à la mort de
l'Empereur *François* I. ſon époux. Et
n'a-t-elle pas même gagné la petite vérole
par ſon aſſiduité à viſiter l'Impératrice ſa
belle-fille pendant qu'elle avoit cette terrible maladie ? A-t-on donc jamais vû
pouſſer plus loin toutes les vertus Chré-
tiennes & morales ? Et, après ce que
j'ai dit plus haut, peut-on me nier qu'elle
n'égale les plus fameux Monarques dans
le grand art de régner ?

JE crois, par tout ce que je viens de
citer, avoir aſſez bien défendu ma théſe.
Je pourrois cependant encore tirer d'autres exemples de temps plus reculés. Car,

n'avons-

n'avons-nous pas vû dans le treiziéme
fiécle *Jeanne* de Flandres, Comteffe de
Montfort, commander des armées & défendre des places ? L'hiftoire ne nous ap-
prend-elle pas que *Philippa*, Reine d'Angleterre, battit les Ecoffois, prit leur Roi
prifonnier, avec les Comtes de *Souther-
land*, de *Fife*, de *Monteith*, de *Carric*, &
le Lord *Douglas* ? N'y voïons-nous pas
auffi que lorfqu'au fiége de Calais *Edoüard*
III. fon époux alloit faire mourir les fix
habitans qui s'étoient généreufement
livrés pour fauver leur ville du fac & du
pillage ; ce ne fût qu'aux inftances de
cette Princeffe qu'il fe rendit, ne pouvant
réfifter aux pleurs d'une époufe tendrement chérie, qui, malgré fa groffeffe
avancée, s'étoit jettée à fes pieds pour
implorer fa clémence en faveur des mal-
heureux qu'il avoit condamnés à mòrt,
Ce qui prouve qne fi, peut-être, les femmes n'ont pas plus de courage que nous,
elles ont du-moins plus de deuceur.

Mais

Mais pourquoi remonter quatre-cents ans, lorfque nous avons fous nos yeux des Princeffes qui effacent les plus fameufes de l'antiquité ? Tout le monde connoit Madame l'Electrice Doüairiére de Saxe, qui, du côté des qualités du cœur & de l'efprit, le céde à peu de perfonnes. Fille ainée de l'Empereur *Charles* VII. de Baviére, elle étoit fi bien connuë de ce grand Monarque, qui mieux que perfonne favoit juger fon monde, qu'au milieu de toutes ces viciffitudes qu'il fupporta avec tant d'héroïfme, il ne manqua jamais de la confulter dans les cas épineux.

Si, pour confirmer ce que j'avance, j'avois ici befoin du témoignage d'autrui, la Ducheffe de *Kingfton* m'en ferviroit. Perfonne, plus que cette Dame, ne fait l'éloge de l'Electrice Doüairiére de Saxe. Il eft vrai qu'elle lui doit cette juftice, ne fût-ce qu'en confidération des marques fignalées de bienveillance dont cette incomparable

comparable Princeſſe l'honore ; bienveillance qui ne peut donner qu'une idée fort
avantageuſe du mérite de la Dame An-
gloiſe, venant d'auſſi bonne part. Car,
ſans parler des qualités perſonnelles de
l'Electrice, quel honneur ne s'eſt-elle pas
fait par ſa conduite pendant les derniers
malheurs de la Saxe ?

Une autre Princeſſe qui, du côté du
rang & des vertus, la ſuit de bien près,
eſt Madame la *Margrave de Bade-Dour-
lach.* Rivales pour ainſi dire du côté du
cœur & du génie, ces deux Auguſtes
Princeſſes n'en ſont que plus unies. Une
certaine ſympathie d'ame, jointe à la con-
formité de leurs goûts & de leurs talens,
les lia à Francfort l'année 1740 : & depuis elles ont toûjours continué une cor-
reſpondance fondée ſur l'eſtime récipro-
que qu'elles ſe portent. Sans parler des
connoiſſances qu'ont ces Princeſſes dans
la littérature, ni de leur goût pour la Mu-
ſique, non plus que de la bonté de leurs
cœurs ;

cœurs ; on peut dire qu'il ne leur manque à toutes les deux qu'un sceptre, pour convaincre l'Univers combien elles font dignes de le porter. La *Duchesse de Northumberland*, qui a été fêtée à Carlsruhe, parce-qu'on y fait apprécier le vrai mérite, conviendra qu'à-peine en dis-je assez sur le chapitre de la *Margrave*.

QUELQUES fortes que soient les preuves dont je viens ici d'appuïer mon système, les Critiques m'objecteront, peut-être, que nous trouvons dans l'histoire tant de minorités orageufes & fatales aux jeunes Princes, par la faute des femmes, qu'il y a du ridicule, de vouloir défendre leur caufe. Mais je leur répondrai, prémiérement, que je ne prétends parler ici que de celles qui, de leur propre autorité, fe voïent fur le trône : d'ailleurs, que fi les Doüairiéres n'ont pas brillé de-même à la tête d'un Confeil de Régence, c'eft ou que l'ambition les a trop précipitées à faire ufage d'une autorité quelles favoient ne
devoir

devoir être que momentanée; ou que, n'aïant pas des pouvoirs aſſez étendus, elles ne ſe ſont pas vûës à-même de ſe livrer à toute la profondeur de leurs idées. Quoiqu'il en ſoit, ſi quelqu'un veut fronder mon ſyſtême, qu'il faſſe un voïage à Vienne, ou à Peterſbourg, & qu'à ſon retour il me blâme, s'il croit pouvoir le faire avec raiſon.

F I N.